ESSBARE STADT

MAURICE MAGGI

ESSBARE STADT

Wildwuchs auf dem Teller
Vegetarische Rezepte mit Pflanzen aus der Stadt

AT VERLAG

AT Verlag, Aarau und München
Texte und Rezepte: Maurice Maggi, www.maurice-maggi.ch
Lektorat: Nicola Härms, Rheinbach
Fotos: Juliette Chrétien, www.juliettechretien.ch
Gestaltungskonzept: Juliette Chrétien und Boris Périsset
Gestaltung und Satz: Boris Périsset, www.feinheit.ch
Satz und Bildbearbeitung: Simona Kosec
Styling und Illustrationen: Mira Gisler, www.miragisler.ch
Bildaufbereitung: Vogt-Schild Druck, Derendingen
Druck und Bindearbeiten: Printer Trento, www.printertrento.it
Printed in Italy

ISBN 978-3-03800-777-7

www.at-verlag.ch

INHALTSVERZEICHNIS

Sie wachsen in freier Natur und in urbanen Nischen, unbehandelt und unverfälscht frisch. Genießbarkeit und allfällige schädliche Einflüsse lassen sich einfach mit gesundem Menschenverstand beurteilen.

Oft werden Pflanzen als Unkraut verschrien, nur weil wir ihren Nutzen und ihren ökologischen Wert nicht mehr kennen.

VORWORT

Dieses Buch soll Ihnen eine Anregung sein, soll Freude am Experimentieren vermitteln. Es soll dabei helfen, die Natur zu entdecken – indem man sich ihrer bedient – und damit die Sensibilität für die Stadtnatur zu wecken. Es möchte Sie dazu bringen, mit den Lebensmitteln sorgsam, aber doch spielerisch umzugehen und das Beste aus dem, was die Natur uns schenkt, herauszukitzeln. Es geht darum, die Zutaten so auszureizen, dass sie ihr optimales Aroma entwickeln und entfalten können. Eine Mischung aus völliger Hingabe und Begeisterung ist die Grundlage für ein wahrhaft kreatives Kochen.

Laden Sie Gäste ein, zu einem guten Essen finden sich immer ein paar Tischgenossen. Entspannte, genussvolle Tafelrunden bereichern unser Leben – für ein paar Stunden, einen Abend lang lassen wir uns aufeinander ein, teilen gemeinsam Essen und Gespräche.

Alle Rezepte sind für vier gute Esser berechnet, reichen aber locker auch für fünf. Und: Genaues Wiegen der Zutaten ist hilfreich; wenn Sie später einmal mehr Erfahrung haben, können Sie die Rezepte umso leichter verändern oder für sich optimieren.

Viel Spaß beim Anschauen, Lesen und Nachkochen. Vielleicht hilft Ihnen dieses Buch dabei, Ihre Augen zu öffnen für das ganze Grün, das in Ihrer Umgebung, in Ihrer Stadt wächst. Und vielleicht betrachten Sie es nach der Lektüre dieses Buches unter einem ganz neuen Blickwinkel. Ich hoffe es.

MAURICE MAGGI

EINFÜHRUNG

In diesem Buch geht es darum, urbane Wildpflanzen und alte, in Vergessenheit geratene Gemüse wiederzuentdecken und damit spielerisch und erfindungsreich zu kochen. Zum Glück gerade noch rechtzeitig, bevor uns die wertvollen Kenntnisse vollends verloren gehen, sind Wildpflanzen und das Wissen um sie und ihre Verwendung wieder in Mode gekommen. Die Hinwendung zur wilden Natur vor unserer Haustür und ihre Wertschätzung verhelfen uns auch zu einem respektvollen Umgang mit der Natur. Informierte und wissende Menschen gehen vernünftig und sorgsam mit der Natur um – so einfach wäre ein aktiver Naturschutz zu betreiben.

Das Gute an all den Tierseuchen und Lebensmittelskandalen der letzten Zeit ist, dass sie uns wachrütteln. Herkunft, Produktionsbedingungen, Manipulationen und Entlöhnung der Produzenten werden uns bewusst, und wir hinterfragen sie wieder vermehrt. Bioprodukte sind «hip» geworden. Die unsinnige Produktion von «Ganzjahresgemüse» bekommt durch die Slowfood-Bewegung und die Rückbesinnung auf eine echte regionale und saisonale Küche, die diesen Namen verdient, eine dringend benötigte Konkurrenz.

Das Angebot der Supermärkte und Großverteiler hat in den letzten Jahren alles zu jeder Zeit verfügbar gemacht, egal wie sinnlos es produziert oder auf welch weiten Wegen es importiert wurde. Die Mandarinen und Nüsse in der Advents- und Weihnachtszeit gehören zu den letzten Relikten, bei denen unsere saisonalen Kenntnisse und ein Gefühl für die saisonal richtigen Produkte noch aufblitzen.

Vor diesem Hintergrund gewinnen auch Wildfrüchte und essbare Wildkräuter plötzlich wieder an Wert. Wir können selber bestimmen, was wir wann ernten wollen. Sie wachsen in freier Natur und in urbanen Nischen, unbehandelt und unverfälscht frisch. Ihre Genießbarkeit und allfällige schädliche Einflüsse lassen sich einfach mit gesundem Menschenverstand selbst beurteilen. Junge Bärlauchblätter zum Beispiel sind höchstens drei Tage alt und somit fast immer unbedenklich für den Verzehr geeignet – sofern sie nicht bei Hundeversäuberungswegen gepflückt werden.

Als ich in einer Weiterbildung mehr über die heilende Wirkung der Gewürze und Kräuter erfuhr, hat sich mir eine neue Dimension des Kochens eröffnet. Gewürze und Wildpflanzen sind reich an natürlichen Vitaminen und Mineralien. Dies erklärt auch, wie die Menschen in früheren Zeiten ohne Nahrungsergänzungsmittel und Multivitaminpräparate überleben konnten und gesund blieben. Majoran zum Beispiel hilft bei der Verdauung von Fett; er wird denn auch in der Wursterei gerne verwendet und hieß darum früher auch Wurstkraut.

Die saisonalen heimischen Produkte enthalten immer genau die Nähr- und Vitalstoffe, die unserem Körper in der entsprechenden Jahreszeit besonders guttun, so etwa im Sommer die wasserhaltigen Gemüse und Früchte, wie Tomaten, Gurken, Salate und Beeren. Im Herbst reifen Arten, die gut lagerfähig sind, wie Wurzel- und Knollengemüse, Äpfel und Birnen. Diese komfortable Einrichtung der Natur sollten wir einfach als Geschenk annehmen und in unserem Speiseplan einbauen. Damit wäre allen geholfen, uns, der Umwelt und der natürlichen Ökologie.

Seit ich professionell koche, fasziniert mich die vegetarische Küche. Sie kennt kein Diktat der klassischen Zusammensetzungen wie in der Fleischküche, ist freier, kreativer. In vegetarischen Gerichten bekannte Fleischgerichte zu imitieren – wie etwa Tofu-Burger und andere «Sünden» –, ist meiner Meinung nach der falsche Ansatz. Es geht vielmehr darum, das fleischlose Kochen als neue kreative Freiheit zu betrachten und nutzen. Dieser Art des Kochens möchte ich mit meinen Gerichten ein Gesicht geben, sie aus der sektiererischen «Körnerpickerecke» befreien, sie stil- und geschmackvoll zelebrieren. Wie einen «Liebesakt auf dem Teller», so das Urteil einer Kundin über eines meiner Gerichte – wohl das schönste Kompliment, das ich bisher für meine Küche bekommen habe.

AUCH WENN WIR DIE NATUR NICHT
ALS BEDROHLICH EMPFINDEN, GILT
SIE ALS WILD UND UNLENKBAR,
NICHT KULTIVIERT, UNZIVILISIERT
UND UNGEBÄNDIGT.

WILDE NATUR BEDEUTET
PFLANZEN, DIE SICH SELBST FORT-
PFLANZEN UND ERHALTEN.

ESSBARES WILDES IST
EIN NATÜRLICHER REICHTUM UND
ÜBERFLUSS DURCH SEIN STETES
WACHSTUM UND SEINE PRODUKTION.

DER UMGANG MIT ESSBAREN WILDPFLANZEN

Viele essbare Wildpflanzen wachsen unerkannt vor unserer Haustür. Besonders praktisch ist, dass sie uns stets erntefrisch, saisonal und zudem gratis zur Verfügung stehen. Sich auf diese Weise den Wildpflanzen in der Stadt zuzuwenden, vermittelt uns eine Beziehung zur Natur in unserer nächsten Umgebung.

TIPPS ZUM SAMMELN

Lassen Sie sich die essbaren Pflanzen von einer fachkundigen Person zeigen oder ziehen Sie ein Bestimmungsbuch zu Rate. Haben Sie eine Pflanze einmal erkannt, werden Sie ihr immer wieder begegnen.
Sammeln Sie an Orten, die Sie kennen und deren Umwelteinflüsse Sie vernünftig beurteilen können (bei der Wildsammlung sind die meisten Menschen diesbezüglich jedoch – ungerechtfertigterweise – viel kritischer als bei gekaufter Ware).

Selbstverständlich meiden Sie beim Sammeln Hundewege, stark befahrene Straßen und unsaubere Ecken bei Fußballstadien und Bars.
Denken Sie daran: Wildpflanzen sind kollektives Eigentum. Geerntet wird immer nur gerade so viel und das, was wir auch gleich verwerten wollen.

Da Wildpflanzen aromatischer und reicher an Mineralien, Vitaminen und Bitterstoffen sind als kultivierte Pflanzen, braucht es viel weniger davon für eine gesunde Ernährung. Dank ihres höheren Eiweißgehalts haben sie zudem auch einen viel höheren Sättigungswert.
Lassen Sie immer ein paar Pflanzen stehen, um ihren Weiterbestand und ihre Vermehrung zu sichern.
Ich habe mir angewöhnt, die reifen Samen von Wildpflanzen abzuernten und sie an einem anderen Ort in meinem Bewegungsradius wieder auszusäen, um so ihren Fortbestand und ihre Ausbreitung zu fördern.
Für das Sammeln eignen sich am besten steife Papierbeutel; darin bildet sich im Unterschied zu Plastik kein Kondenswasser.
Schneiden Sie die gewünschten Pflanzenteile mit einer Schere oder einem Messer ab; so kann sich die Pflanze wieder regenerieren, nachwachsen und weiterleben.Nicht in Schutzgebieten sammeln und auch keine geschützten Pflanzen ernten. Ansonsten ist das Ernten von Wildpflanzen in der Schweiz, ebenso in Deutschland und Österreich, für den Privatgebrauch erlaubt. Anders verhält es sich bei Pilzen: Hier besteht eine gesetzliche Schonzeit.

Lassen Sie an einem Standort immer ein paar Pflanzen stehen,
um ihren Weiterbestand und ihre Vermehrung zu sichern.
Nicht in Schutzgebieten und auch keine geschützten Pflanzen sammeln.

TIPPS ZUM KOCHEN

Verwenden Sie nur sicher bestimmte oder bekannte Pflanzen. Notfalls durch einen Kenner prüfen lassen, um eine mögliche Verwechslung mit giftigen oder unbekömmlichen Pflanzen zu vermeiden. Gründliches Waschen lohnt sich immer (dies gilt übrigens auch bei gekaufter Ware, die bis zum Endverbraucher von mindestens drei Menschen berührt und dadurch potenziell verschmutzt wird).

Die meisten Wildpflanzen sind roh essbar und können als Würzbeilage wie Küchenkräuter verwendet werden. Bei einigen lässt sich allerdings (vor allem wenn sie in grösserer Menge in einem Gericht verwendet werden) der Genusswert durch bestimmte Vor- oder Zubereitungstechniken steigern (Wässern, Blanchieren, Dämpfen).

Dosieren Sie die Wildpflanzen zunächst vorsichtig. Wegen ihres intensiven Aromas und ihres hohen Bitterstoffgehalts sind einige von ihnen anfänglich etwas gewöhnungsbedürftig.

Haben Sie den Mut zum Ausprobieren, und lassen Sie sich von den wilden Geschmacksnoten verführen. Es lohnt sich in vielerlei Hinsicht: Sie profitieren von einem bewussteren, ausgewogenen Essen, fördern Ihre Gesundheit und erleben die Wiederentdeckung der Stadtnatur.

RZP

FRÜHLING

WIE DIE INDIANER ZÄHLE ICH NICHT
MEINE LEBENSJAHRE, SONDERN DIE WINTER,
DIE ICH SCHON ÜBERLEBT HABE.

LÖWENZAHNSALAT MIT TORTILLA

**Vorspeise ab März bis Anfang Mai.
Dieser bitter-scharfe Salat ist erfrischend und belebend
und damit ideal für eine reinigende Frühlingskur.**

Salat
1 mittlere Schüssel junge Löwenzahnblätter

Dressing
½ Zwiebel oder 1 Frühlingszwiebel, fein gehackt
2 EL Obstessig (Apfel- oder Birnenessig)
3 EL Rapsöl
Salz und schwarzer Pfeffer aus der Mühle

Tortilla
2 mittelgroße Kartoffeln, in der Schale gekocht
½ Zwiebel oder 1 Frühlingszwiebel
1 Löwenzahnwurzel, ca. 5 cm lang
3 Eier
Salz
Pflanzenöl zum Braten

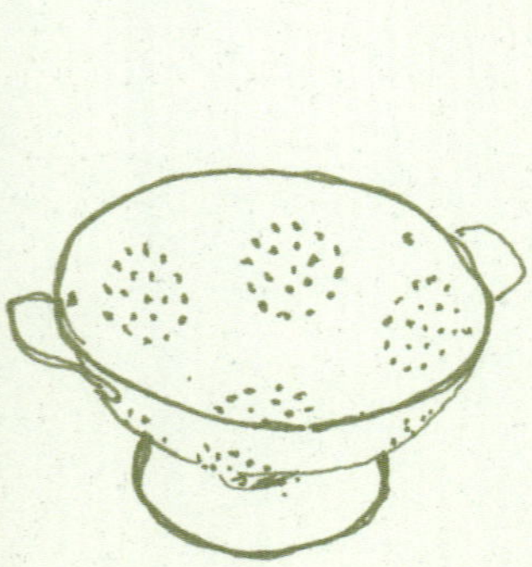

Für den Salat die Löwenzahnblätter waschen, rüsten und trocken schütteln. Für das Dressing alle Zutaten miteinander vermischen und mit Salz und Pfeffer abschmecken.

Für die Tortilla die Kartoffeln schälen und an der Röstiraffel reiben. Die Zwiebel oder Frühlingszwiebel fein hacken. Die Löwenzahnwurzeln schälen und fein reiben (sie sind ähnlich scharf wie Meerrettich, daher vorsichtig dosieren). Die Eier in eine Schüssel aufschlagen und die geriebenen Kartoffeln, die fein gehackte Zwiebel oder Frühlingszwiebel und die geriebenen Löwenzahnwurzeln untermischen. Mit Salz abschmecken.

Die Kartoffel-Eier-Masse in einer Bratpfanne in heißem Pflanzenöl zu einer Tortilla braten oder auf ein eingeöltes Backblech geben und im vorgeheizten Ofen bei 160 Grad circa 10 Minuten backen, bis sie gar ist. Herausnehmen und in Portionenstücke schneiden oder mit Ausstechformen ausstechen.

Das Dressing über den Löwenzahn geben und den Salat mit der Tortilla anrichten.

VARIANTEN

Anstelle der Tortilla den Salat nur mit hart gekochten Eiern servieren. In diesem Fall etwas geraffelte Löwenzahnwurzel in die Salatsauce geben.
Gut passt dazu auch kurz sautierte Kaninchenleber oder Fischleber, eine saisonale Delikatesse.

DUETT VON SPARGELN MIT TANNENSCHÖSSLING-GERSTEN-PFANNE UND WEISSE-BOHNEN-SAUCE

Ein veganer Hauptgang oder eine sättigende Beilage. Ohne Schösslinge und ohne Spargeln das ganze Jahr über möglich. Übrigens: Einheimische Spargeln haben von Ende April bis Anfang Juni Saison.

Weiße-Bohnen-Sauce
100 g kleine getrocknete weiße Bohnen
Salz
Olivenöl zum Dünsten
2 Knoblauchzehen, durchgepresst
1 Rosmarinzweig, Nadeln abgezupft
etwas Peperoncini, gehackt

Tannenschössling-Gersten-Pfanne
1 Zwiebel, fein geschnitten
Mohn- oder Rapsöl zum Braten
200 g ganze schwarze Gerstenkörner (siehe Tipp)
50 ml Sherry oder Weißwein
1 Lorbeerblatt
Salz
2 Handvoll frische Rottannenschösslinge, klein geschnitten

Spargeln
Salz
½ Zitrone, Saft
1 TL Zucker
je 1 Bund einheimischer weißer und grüner Spargel

Für die Bohnensauce die Bohnen über Nacht einweichen. Am nächsten Tag abgießen und in ausreichend Salzwasser 40 Minuten kochen. Dann abgießen, dabei etwas Kochsud auffangen. Etwas Olivenöl in einer Pfanne erhitzen, Knoblauch, Rosmarin und Peperoncini darin andünsten. Die Bohnen mit wenig Sud dazugeben und erwärmen. Zum Servieren mit dem Kartoffelstampfer zerdrücken oder kurz pürieren.

Für die Gerstenpfanne die Zwiebel in etwas Öl andünsten. Die Gerste dazugeben und kurz mitdünsten. Mit Sherry oder Weißwein ablöschen, 1,2 Liter Wasser angießen und das Lorbeerblatt beifügen. 20 Minuten kochen lassen. Wenn die Gerstenkörner weich sind, salzen und die Tannenschösslinge unterziehen. Vom Herd nehmen und 5 Minuten zugedeckt ziehen lassen.

Für die Spargeln Salzwasser aufsetzen und Zitronensaft sowie Zucker beigeben. Die weißen Spargeln schälen und je nach Dicke 10–12 Minuten garen. Von den grünen Spargeln das holzige untere Ende abschneiden und die Spargeln in den letzten 5–7 Minuten Garzeit mitkochen.

Den Spargel abgießen, abtropfen lassen und mit der Gerstenpfanne und der Bohnensauce anrichten.

VARIANTE

Für eine feine Bohnensauce diese durch ein Haarsieb streichen. Die Sauce passt auch sehr gut zu kurz gebratenem Fleisch, zu Ravioli und Pasta.

TIPP

Schwarze Gerste ist eine urwüchsige, alte Getreidesorte, die heute unter anderem von ProSpecieRara wieder propagiert wird. Sie ist im Reformhaus erhältlich.

BAUMSCHÖSSLING-RISOTTO

Hauptgang oder Beilage zu Spargeln, hellem Fleisch oder Fisch.

---

1 Zwiebel, fein gehackt
50 g Butter
300 g Risottoreis
1 Bund Radieschen, in Scheiben geschnitten
100 ml Weißwein
1 Lorbeerblatt
1 Thymianzweig, Blätter abgezupft
ca. 1 l heiße Gemüsebouillon
2 Tassen junge, hellgrüne, zarte Ahorn-, Linden- oder Buchenblätter
100 g Stilton oder anderer Blauschimmelkäse
Salz und Pfeffer aus der Mühle

Zum Garnieren
1–2 EL Mandelblättchen
Sonnenblumenöl zum Rösten
Salz und Cayennepfeffer
Puderzucker zum Bestreuen

Die Zwiebel in der Butter andünsten. Den Reis und die Radieschenscheiben zugeben und kurz mitdünsten. Mit dem Weißwein ablöschen, Lorbeerblatt und Thymian beigeben. Nach und nach die heiße Gemüsebouillon beigeben und den Reis unter stetem Rühren sämig weich kochen. Kurz vor Ende der Garzeit die Baumblätter und den in Stücke gebrochenen Käse beigeben und vorsichtig unterrühren. Mit Salz und Pfeffer abschmecken.

Die Mandelblättchen in wenig Öl rösten, mit Salz, etwas Cayennepfeffer und einer Spur Puderzucker bestreuen und leicht karamellisieren lassen. Den Risotto mit den gerösteten Mandelblättchen bestreuen und servieren.

VARIANTEN

Der Risotto kann auch mit Getreidekörnern anstelle von Risottoreis zubereitet werden, diese aber vorgängig 15 Minuten kochen und 15 Minuten quellen lassen. Dann den Risotto wie oben beschrieben, jedoch mit weniger Flüssigkeit, zubereiten.
Als Ersatz für die jungen Baumblätter können auch Gierschblätter (Geißfuß, Baumtropf) verwendet werden, deren Saison länger ist. Der Giersch gilt bei Gartenfreunden als unangenehmer Gast; durch fleißiges Abernten kann man die Pflanze schwächen und den Wildwuchs etwas eindämmen.
Anstelle von Mandeln eignen sich auch andere Nüsse als Garnitur.

KATER-RÜHREI MIT SPITZWEGERICH- UND GINKGOBLÄTTERN

4–5 Eier
2 EL Rahm
je 1 Handvoll Spitzwegerich- und Ginkgoblätter
Salz und schwarzer Pfeffer aus der Mühle
etwas Butter zum Braten

Ein nahrhaftes Frühstück für den Frühling, von April bis Juni. Der Spitzwegerich unterstützt Leber, Hals und Magen, Ginkgo stärkt die Durchblutung und das Gehirn. So hat das schmackhafte Rührei auch seine medizinische Wirkung. Und natürlich schmeckt das Rührei auch sehr gut ohne Kater!

Die Eier in eine Schüssel aufschlagen, den Rahm beigeben und beides verrühren. Die Spitzwegerichblätter quer in dünne Streifen schneiden (so werden die etwas zähen Blattnerven durchtrennt und die Blätter damit weicher). Junge Ginkgoblätter können ganz belassen oder halbiert werden.

In einer Bratpfanne die Butter erhitzen und die Eiermasse hineingeben. Die Blätter hinzufügen, unterrühren, alles mit Salz und Pfeffer würzen und die Eier unter Rühren zu Rührei stocken lassen.

VARIANTE

Vorzüglich geeignet sind auch Brennnessel-, Bärlauch-, Giersch- oder Lindenblätter.

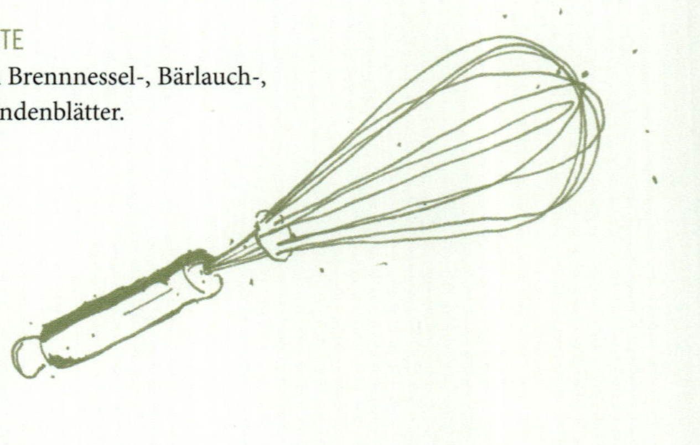

BRENNNESSELSÜPPCHEN MIT PARMESANCHIPS

Vorspeise von März bis Juni.

---

1 Zwiebel, fein gehackt
20 g Butter
200 – 400 g Brennnesselblätter und/oder junge -triebe
1 mittelgroße Kartoffel
50 ml Noilly Prat oder Weißwein oder Gemüsebouillon
Salz und Pfeffer aus der Mühle oder Cayennepfeffer
100 ml Rahm
30 g Parmesan, gerieben

Für das Brennnesselsüppchen die Zwiebel in der Butter andünsten. Die Brennnesselblätter oder -triebspitzen grob schneiden, beigeben und gut mitdünsten. Die Kartoffel schälen, würfeln und ebenfalls dazugeben. Mit Noilly Prat, Weißwein oder Gemüsebouillon ablöschen, mit Salz und Pfeffer oder Cayennepfeffer abschmecken. 15 Minuten kochen lassen. Dann die Suppe pürieren, mit dem Rahm verfeinern und nochmals abschmecken.

Für die Parmesanchips eine Bratpfanne bei kleiner Hitze erwärmen. Den Parmesan portionenweise auf den Pfannenboden streuen und den Käse sanft zu knusprigen Chips braten. Als Garnitur auf oder neben die Suppe geben.

VARIANTEN

Wer auf Milchprodukte verzichten möchte, nimmt statt der Butter Sonnenblumenöl und etwas mehr Kartoffel. Für die Chips eignet sich auch Sbrinz oder Gruyèrekäse; es muss auf jeden Fall ein harter und trockener Käse sein. Im Frühling können die ganzen Brennnesseltriebe verwendet werden, später bei größeren Pflanzen nur die zarten Blätter. Bei regelmäßiger Ernte bilden sich stets neue zarte Triebe. Brennnesseln haben einen hohen Sättigungsgrad; sie nähren schon in kleiner Menge.

BÄRLAUCH *Allium ursinum*

HOPFEN *Humulus lupulus*

BRENNNESSEL *Urtica dioica*

SCHLÜSSELBLUME *Primula veris*

BUCHE *Fagus sylvatica*

YAMAHA
Eingang

VEILCHENBLÜTEN-OFENKÜCHLEIN MIT GUACAMOLE UND GIERSCHSALAT

Vorspeise für den Frühling, von März bis Mai.

Veilchenblüten-Ofenküchlein
(ergibt 12 Windbeutel)
250 ml Milch
100 g Butter
½ TL Salz
Pfeffer aus der Mühle
2 – 3 Safranfäden, nach Belieben
150 g Weißmehl
4 Eier
1 Handvoll Veilchenblüten

Guacamole
1 Avocado
½ unbehandelte Zitrone, Saft und abgeriebene Schale
1 EL Olivenöl
Salz und Pfeffer aus der Mühle
nach Belieben 1 Knoblauchzehe und/oder 1 kleine Zwiebel, fein gehackt

Gierschsalat
2 EL Apfelessig
3 EL Rapsöl
Salz und Pfeffer aus der Mühle
1 mittlere Schüssel Giersch (Geißfuß, Baumtropf)

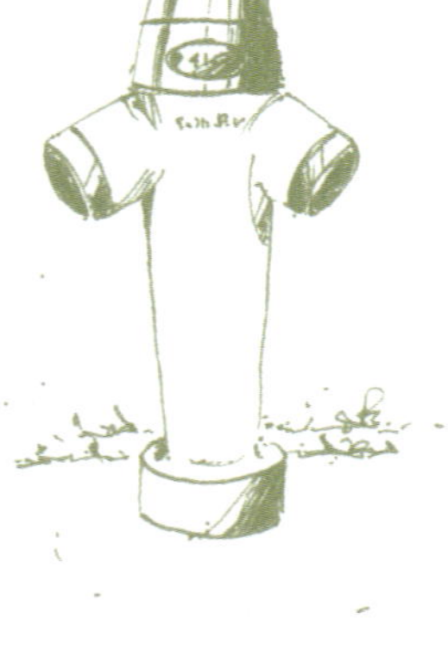

Für die Ofenküchlein die Milch mit der Butter aufkochen. Salz und Pfeffer und nach Belieben den Safran zugeben. Das Mehl auf einmal hineinschütten. Bei kleiner Hitze ständig rühren, bis sich eine geschmeidige Masse ergibt und sich der Teig als Kloß vom Topfboden löst. Vom Herd nehmen und die Eier einzeln in den Teig einarbeiten. Die Veilchenblüten vorsichtig unter den Teig rühren.

Den Teig in einen Spritzsack füllen und 12 Teigrosetten auf ein mit Backpapier ausgelegtes Blech spritzen. Zwischen den Rosetten ausreichend Abstand lassen, denn sie werden beim Backen doppelt so groß. Die Teigrosetten im vorgeheizten Ofen bei 200 Grad 15 – 20 Minuten goldbraun backen.

In der Zwischenzeit für die Guacamole die Avocado halbieren, den Stein entfernen, das Fruchtfleisch mit einem Löffel aus der Schale kratzen und in eine Schüssel geben. Zitronensaft und -schale beigeben und das Avocadofruchtfleisch mit einer Gabel fein zerdrücken. Das Olivenöl beifügen, mit Salz und Pfeffer und nach Belieben Knoblauch und/oder Zwiebel abschmecken. Wenn die Guacamole nicht gleich serviert wird, den Avocadokern einlegen; dies verhindert das Verfärben der Guacamole.

Apfelessig, Rapsöl, Salz und Pfeffer zu einer Salatsauce verrühren. Die Gierschblätter waschen und trocken schütteln, die kleinen Blätter ganz lassen, größere Blätter entstielen. Die Blätter mit der Salatsauce vermischen.

Die Ofenküchlein abkühlen lassen. Dann aufschneiden, mit der Guacamole füllen und mit dem Gierschsalat servieren.

VARIANTEN

Dieses Gericht kann mit anderen Zutaten ganzjährig serviert werden. Die Ofenküchlein eignen sich gut als Apérogebäck mit verschiedenen Füllungen, zum Beispiel mit Kräuterquark, Frischkäse, Hummus oder Tomatenmousse. Auch die Teigmasse kann man variieren und zum Beispiel mit Safran, Rosenblättern oder Paprikapulver würzen.

RAVIOLI AUS WILDEN MÖHREN MIT MÖHRENKRAUTBUTTER

Ab Mai den ganzen Sommer durch als Vorspeise oder Hauptgang.

Teig
125 g Weißmehl
25 g Hartweizendunst plus etwas zum Bestreuen
2 Eigelb
1 Ei
etwas Sonnenblumenöl
Salz

Füllung
Ca. 50 g Wurzel der wilden Möhre
Olivenöl zum Dünsten
50 g Ricotta
1 EL geriebener Parmesan
Salz und Pfeffer aus der Mühle
1 Eiweiß zum Bestreichen

Möhrenkrautbutter
50 g Butter
2 Salbeiblätter, fein geschnitten
Kraut einer wilden Möhre, fein geschnitten

Für den Teig Mehl und Hartweizendunst in eine Schüssel geben, die Eigelbe und das aufgeschlagene ganze Ei dazugeben. Gut durchkneten und mit Sonnenblumenöl nach Bedarf sowie 3 Esslöffeln Wasser zu einem geschmeidigen Teig kneten.
Den Teig in Folie gewickelt mindestens über Nacht, gerne auch länger ruhen lassen. Anschließend Stufe um Stufe durch die Nudelmaschine drehen, bis die feinste Walzeneinstellung erreicht ist. Den Teig auf ein mit Dunst bestreutes Brett legen.

Für die Füllung die Wurzel der wilden Möhre schälen, klein würfeln und in etwas Olivenöl andünsten. Zusammen mit dem geriebenen Parmesan unter den Ricotta ziehen. Mit Salz und reichlich frisch gemahlenem Pfeffer abschmecken. Die Füllung in kleinen Häufchen auf einer Hälfte des Teiges verteilen. Den Teig rund um die Füllung mit etwas Eiweiß bestreichen und mit der anderen Teighälfte bedecken. Die Ränder um die Füllung herum gut festdrücken und mit einem Ausstecher die Ravioli ausstechen. Die Ravioli in siedendem Salzwasser etwa 2 Minuten kochen. Sobald sie an die Oberfläche steigen, mit der Siebkelle abschöpfen und abtropfen lassen.

Für die Möhrenkrautbutter die Butter schmelzen, Salbei und Möhrenkraut zugeben und kurz dünsten. Die fertigen Ravioli in der Krautbutter wenden und servieren.

TIPP
Um es einfacher und schneller zu halten, gibt es guten frischen Pastateig bei den Großverteilern (Supermarkt) fertig zu kaufen. So reduziert sich die Zubereitungszeit dieses Gerichts auf circa 40 Minuten.

BRENNNESSELKUGELN MIT JAPANISCHEM KNÖTERICH UND KÜMMELÖL

Vegan. Im Frühling als Vorspeise oder als Häppchen auf einem Buffet. Das Kümmelöl lässt sich gut auf Vorrat herstellen, denn es ist mindestens zwei Monate haltbar.

---

3 EL Kümmel
Salz
100 ml Sonnenblumenöl plus etwas zum Braten
1 Zwiebel, fein gehackt
2 Tassen Brennnesselblätter, fein geschnitten
50 g Leinsamen
Pfeffer aus der Mühle
8 – 12 Sprossen Japanischer Knöterich

Für das Kümmelöl den Kümmel in einer Bratpfanne ohne Zugabe von Fett etwas anrösten, dann salzen. In eine Schüssel geben und das Sonnenblumenöl zugeben. Mit dem Stabmixer pürieren und über Nacht stehen lassen. Am nächsten Tag durch einen Kaffeefilter oder ein Tuch absieben.

Für die Brennnesselkugeln die Zwiebel in etwas Sonnenblumenöl andünsten. Die fein geschnittenen Brennnesselblätter dazugeben und mitdünsten. Die Leinsamen mit dem Stabmixer zerkleinern, bis sie mehlig sind. Die gedämpften Brennnesselblätter dazugeben und alles gut mischen. Mit Salz und frisch gemahlenem Pfeffer würzen. 10 Minuten ruhen lassen, dann zu Kugeln formen.

Die Knöterichsprossen im Kümmelöl kurz braten. Die Brennnesselkugeln zum Erhitzen dazulegen und servieren.

TIPPS

Diese Kugeln können mit vielerlei Wildpflanzen hergestellt werden. Leinsamen geben einen nussigen Geschmack und binden herrlich. Aus ihnen lassen sich alle möglichen Arten von vegetarischen oder veganen Burgern und Plätzchen herstellen.

Da sowohl Brennnesseln als auch Knöterich gerne invasiv auftreten, dürfen und sollen wir beides auch reichlich ernten.

SALAT VON JUNGEN BAUMBLÄTTERN UND KOHLRABI

Vorspeise für April und Mai oder ein veganer Hauptgang.

---

2 Kohlrabi
1 unbehandelte Zitrone, abgeriebene Schale und Saft
½ TL frisch geriebener Ingwer
Salz und Pfeffer aus der Mühle
2 Frühlingszwiebeln, fein gehackt
etwas Kürbiskern- und Rapsöl
½ Schüssel Ahorn-, Buchen-, Linden- und/oder Rotbuchenschösslinge

---

Die Kohlrabi schälen und auf der Bircherraffel reiben oder mit einem Julienne-Schäler feine Streifen abziehen. In eine Schüssel geben, Zitronenschale und -saft dazugeben und mit wenig Ingwer, Salz und Pfeffer würzen. Mindestens 30 Minuten ziehen lassen.

Die Frühlingszwiebeln mit Öl und 1 Esslöffel Wasser pürieren und in die Schüssel zu den Kohlrabi geben. Die Baumschösslinge waschen, trocknen, zerzupfen und untermischen.

VARIANTEN

Dieser Salat kann auch mit Wegwarten- oder Malvenblättern zubereitet werden.
Wenig fein gehackter Kerbel passt gut, dominiert aber schnell durch seinen starken Eigengeschmack; daher vorsichtig dosieren.

BÄRLAUCH-CANNELLONI MIT RICOTTAFÜLLUNG

Im Frühling als Vorspeise oder Hauptgang. Das Rezept ist hier als Hauptgang berechnet.

---

250 g Bärlauch
4 Eier
300 g Hartweizendunst oder Teigwarengrieß
½ Zwiebel, fein gehackt
300 g Ricotta
50 g Parmesan, frisch gerieben
Salz und Pfeffer aus der Mühle
3 EL Weißwein
30 g Pinienkerne
100 ml Rahm
Butter oder Öl für die Form

Den Bärlauch waschen und trocken schütteln. Ein Drittel fein hacken. Die Eier in eine Schüssel aufschlagen und mit dem gehackten Bärlauch kurz pürieren. Hartweizendunst oder Teigwarenmehl oder eine Mischung aus beidem zur Bärlauch-Eier-Mischung geben und gut verkneten, bis ein geschmeidiger Teig entstanden ist. Je nach Feuchtigkeit des Teiges etwas mehr Dunst oder Grieß dazugeben; der Teig sollte weich und klebrig sein. Den Teig drei- bis viermal mit zunehmend feinerer Walzeneinstellung durch die Nudelmaschine drehen (mit Stufe 6 beginnen und mit Stufe 3 oder 4 beenden). Je nach Dicke des Teigs 8 – 12 Teigquadrate von 12 – 15 cm Kantenlänge auswallen.

Für die Füllung ein weiteres Drittel des Bärlauchs fein schneiden und mit der gehackten Zwiebel unter den Ricotta ziehen. Die Hälfte des geriebenen Parmesans dazugeben und mit Salz und Pfeffer würzen. Die Masse auf die Teigquadrate verteilen und diese zu Cannelloni aufrollen. Die Cannelloni in eine gebutterte oder geölte feuerfeste Form legen.

Für die Sauce den restlichen Bärlauch mit Weißwein, Pinienkernen und Rahm pürieren und über die Cannelloni geben. Mit dem restlichen Parmesan bestreuen und die Cannelloni im vorgeheizten Backofen bei 160 Grad etwa 20 Minuten backen.

VARIANTEN

Wer es etwas milder mag, ersetzt die Hälfte des Bärlauchs durch glatte Petersilie.

LÖWENZAHN-SOBANUDELN AUF HOPFENSCHÖSSLINGEN MIT MISO-INGWER-DRESSING

200 g Sobanudeln
(Bio- oder Delikatessenläden, ersatzweise nach unten stehendem Rezept selbst hergestellt)

10 – 20 Hopfenschösslinge
2 Handvoll kleine zarte Löwenzahnblätter
2 EL Misopaste
½ unbehandelte Zitrone
1 kleines Stück frischer Ingwer
2 EL Sesamöl
etwas Sojasauce
Pfeffer aus der Mühle und/oder Wasabipulver oder -paste

Sobanudeln selbst gemacht
1 Handvoll Löwenzahnblätter
150 – 180 g Buchweizenmehl
20 – 50 g Reis- oder Weizenmehl

In einem Topf reichlich Wasser aufkochen und die Sobanudeln darin 6 – 8 Minuten garen.
Die Hopfenschösslinge in 5 – 8 cm lange Stücke schneiden, zu den Nudeln geben und 3 Minuten mitkochen. Abgießen (dabei das Kochwasser auffangen) und die Nudeln kalt abschrecken. Die Löwenzahnblätter dazugeben und gut untermischen.

Die Misopaste in 100 ml des Kochsuds auflösen. Zitronenschale und Ingwer dazureiben. Mit dem Zitronensaft, dem Sesamöl und der Sojasauce abschmecken. Mit etwas Pfeffer und/oder Wasabi würzen. Die Sauce über die Nudeln geben und servieren.

TIPP
Unbedingt darauf achten, dass die Hopfenschösslinge geerntet werden, bevor sich die Blätter entfalten.

Sobanudeln selbst gemacht
Wer die Herausforderung liebt, kann die Nudeln auch selbst herstellen.

Den Löwenzahn fein schneiden und in etwas Wasser pürieren. Das Mehl in eine Schüssel sieben und unter Beigabe von 100 - 150 ml Wasser – abhängig von den Eigenschaften des gewählten Mehls – zu einem Teig kneten, hier ist viel Ausdauer gefragt. Die Masse mehrmals durch die Nudelmaschine drehen und dünn auswallen. Dann zusammenfalten und erneut auswallen. Mit einem scharfen Messer zu dünnen Nudeln schneiden und diese 3 Minuten in leicht wallendem Wasser sieden lassen.

VARIANTE
Man kann aus den Nudeln auch sehr gut einen Sommersalat machen. Dann feine Rettich- und Gurkenstreifen untermischen.

SPITZWEGERICH *Plantago lanceolata*

SCHLAFMOHN *Papaver somniferum*

绿帝
金线鱼

DER GAST SCHENKT UNS SEIN GANZES VERTRAUEN, INDEM SIE/ER UNSERE ARBEIT IN DEN MUND STECKT UND DIESE SOGAR SCHLUCKT.
DEM VERTRAUEN SCHENKEN WIR UNSEREN GANZEN RESPEKT UND UNSERE LIEBEVOLLE SORGFALT

SCHLÜSSELBLUMENBLÄTTER-SALAT

Frühling, ab März bis Mai. Vegane Vorspeise.

Salat

1 Schüssel kleine junge Schlüsselblumenblätter
1 Handvoll Schlüsselblumenblüten

Dressing

3 EL Rapsöl oder 2 EL Mohnsamenöl
2 EL Schlüsselblumenessig (siehe Seite 71)
1 Bund Schnittlauch, in feine Röllchen geschnitten
Salz und Pfeffer aus der Mühle

Für den Salat die Schlüsselblumenblätter ganz lassen oder in feine Streifen schneiden. Die Blüten untermischen.

Für das Dressing das Raps- oder Mohnsamenöl mit 2 Esslöffeln des selbst hergestellten Schlüsselblumenessigs mischen. Den Schnittlauch untermischen, das Dressing nach Belieben mixen und nochmals mit Salz und Pfeffer abschmecken. Das Dressing über den Salat geben und sofort servieren.

VARIANTEN

Für den Salat lassen sich alle Wildkräuter und beliebige Blattsalate verwenden. Es ist aber schön, dieses Zweierlei von derselben Pflanze zu servieren.

SAUTIERTE KRÄUTERSEITLINGE IM SESAMMANTEL MIT BAUMBLÄTTER-AMARANTH

Veganer Hauptgang für den Frühling, kann jedoch mit anderem Grüngemüse ganzjährig serviert werden. Kräuterseitlinge sind Zuchtpilze, die meist rund ums Jahr bei Großverteilern erhältlich sind.

Baumblätter-Amaranth
1 Zwiebel, fein gehackt
neutrales Pflanzenöl zum Dünsten
300 g Amaranth
100 ml Weißwein
etwas Misopaste oder Gemüsebouillonpulver, in 1 l Wasser aufgelöst
200 g Buchen-, Ahorn- oder Lindenblätter, ganz oder klein geschnitten

Kräuterseitlinge im Sesammantel
4 – 6 Kräuterseitlinge
1 EL Sesamöl
Salz
1 EL Sesamsamen
Pfeffer aus der Mühle
1 Prise getrocknete Chili

Die Zwiebel in etwas Pflanzenöl andünsten. Den Amaranth dazugeben, mitdünsten und mit dem Weißwein ablöschen. Mit dem Miso- oder Bouillonwasser auffüllen. 20 Minuten köcheln, dann 10 Minuten quellen lassen. Während dem Aufquellen die Blätter beigeben.

Die Kräuterseitlinge putzen, feucht abreiben und der Länge nach in dünne Streifen schneiden.
Auf ein Backblech legen, mit dem Sesamöl bestreichen und salzen. Mit Sesamsamen, Pfeffer und Chili nach Geschmack würzen. Im vorgeheizten Backofen bei 170 Grad etwa 12 Minuten backen, bis die Pilze leicht gebräunt sind.

Die Pilze mit dem Amaranth auf Tellern anrichten und servieren

VARIANTEN

Amaranth kann auch durch Quinoa ersetzt werden, dieses besitzt größere Körner und wird dadurch weniger breiig.
Man kann auch andere Zuchtpilze verwenden, aber der Kräuterseitling ist von der Konsistenz und seinem zarten Pilzgeschmack her am besten geeignet. Dank seines festen Fleisches verliert er kaum an Volumen und ist dadurch sehr ergiebig. Man kann den Buchenblätter-Amaranth auch abgekühlt als Salat mit den Pilzen servieren.

VERLORENES EI AUF LINDEN-BUCHEN-SCHAUM MIT LORBEERKARTOFFELN

Vorspeise oder Hauptgang. Ab März bis Anfang Mai, je nach Lage und Wetter. Ein ideales Gericht für einen Brunch.

Lorbeerkartoffeln
8 große Kartoffeln
8 frische Lorbeerblätter
Öl oder Butter zum Bestreichen
Salz

Linden-Buchen-Schaum
Ca. 200 g junge Lindenblätter
1 Zwiebel, fein gehackt
Pflanzenöl
Salz und Pfeffer aus der Mühle
1 Handvoll Buchenblätter
2 EL weißer Portwein oder Wein
1 EL Sojalecithin
rosa Pfefferkörner, nach Belieben

Verlorenes Ei
100 ml Essig
4 Eier
1 Zwiebel

Die Kartoffeln waschen und halbieren. In der Mitte einschneiden und je ½ Lorbeerblatt in die Einschnitte stecken. Die Schnittflächen der Kartoffeln mit Öl oder Butter bestreichen, salzen und die Kartoffeln im vorgeheizten Backofen bei 180 Grad etwa 40 Minuten backen.

Für den Linden-Buchen-Schaum die Lindenblätter und die Hälfte der gehackten Zwiebel in etwas Pflanzenöl andünsten, mit Salz und Pfeffer würzen. Die restliche Zwiebel mit den Buchenblättern andünsten. Mit dem Portwein oder Wein ablöschen. Das Sojalecithin beigeben und mit Salz und Pfeffer und nach Belieben rosa Pfeffer würzen. Die Buchenblätter zusammen mit einem Drittel der Lindenblätter mit dem Stabmixer pürieren und zu einem Schaum aufmontieren.

Für die verlorenen Eier 1 Liter Wasser mit dem Essig zum Sieden bringen. Die Eier einzeln in eine Suppenkelle aufschlagen und vorsichtig ins Wasser gleiten lassen. Ist das Eiklar gestockt und weiß geworden, die Eier mit der Schaumkelle aus dem Wasser heben.

Den Linden-Buchen-Schaum auf Teller geben und die verlorenen Eier darauf anrichten. Die Lorbeerkartoffeln dazu reichen. Die restlichen Lindenblätter als Salatgarnitur verwenden

VARIANTEN

Für dieses Gericht eignen sich auch Ahorn-, Brennnessel- oder Bärlauchblätter. Ersatzweise kann man auch Blattmangold oder Spinat verwenden. Eine Sauce hollandaise oder béarnaise passt ebenfalls bestens zu den verlorenen Eiern und den Lorbeerkartoffeln.

Frauenfeld
Winterthur
Baden
Aarau
Olten
Liestal
BASEL
Solothurn
Grenchen
Chur

HOLUNDERBLÜTENWEIN

Gewürzwein für blumige, süße oder salzige Gerichte. Einmal im Jahr in ausreichender Menge angesetzt, komme ich mit einem Liter gut durchs Jahr.

---

25 Holunderblütendolden
1 l guter Weißwein (wichtig ist, dass er kräftig im Aroma ist und etwas Restsüße hat)

Die Blüten in ein großes Einmachglas geben und mit dem Wein bedecken. Das Einmachglas drei Wochen in der Sonne ziehen lassen. Dann die Flüssigkeit abseihen und in Flaschen mit Bügelverschluss füllen. Sparsam dosiert verwenden, beinahe wie ein Gewürz, denn der Geschmack ist sehr blumig-intensiv.

TIPP

Wichtig: die Blüten unbedingt nach einem sonnigen, warmen Tag ernten, dann riechen sie am intensivsten.

LINDENBLÄTTERPESTO MIT SAUTIERTEM ROTEM CHICORÉE UND SOBANUDELN

Vegane Vorspeise oder Hauptgericht von März bis Anfang Mai.

---

2 Knoblauchzehen
30 g Pinienkerne
1 kleines Stück rote Peperoncini
2 Tassen zarte Lindenblätter
3 EL Olivenöl
Salz
300 g Sobanudeln aus reinem Buchweizenmehl oder mit Weißmehl gemischt
(Für selbst gemachte Sobanudeln siehe Rezept Seite 52)
2 rote Chicoréestauden oder 150 g junger Chicorée
grobes Meersalz

Knoblauch, Pinienkerne, Peperoncini und Lindenblätter klein hacken und mit dem Olivenöl pürieren. Mit Salz abschmecken.

Die Sobanudeln je nach Art nach Packungsanweisung 8 – 10 Minuten kochen, ohne Zugabe von Salz, da die Nudeln selbst schon Salz enthalten und somit beim Kochen kräftig aufschäumen.

Den Chicorée putzen. Kleine Blätter ganz lassen, ansonsten die Blätter in feine Streifen schneiden. Kurz vor Ende der Garzeit der Nudeln den Chicorée zugeben und kurz mit blanchieren. Erst nach dem Abgießen mit grobem Meersalz würzen und die Chicorée-Nudeln mit dem Pesto servieren.

VARIANTEN

Anstelle von Lindenblättern eignen sich auch junge Buchen- oder Ahornblätter.

Das Pesto kann auch mit geriebenem Parmesan, Pecorino oder Sbrinz verfeinert werden.

Etwas abgeriebene Zitronenschale erfrischt das Pesto.

SCHLÜSSELBL.
ESSIG MÄRZ 13

SCHLÜSSELBLUMENESSIG

1 Handvoll Schlüsselblumenblüten
200 ml Obstessig

Für den Essig die Schlüsselblumenblüten in eine Schüssel geben, mit dem Obstessig übergießen und 14 Tage an einem warmen und hellen Ort stehen lassen. Anschließend durch ein Tuch abseihen und in Flaschen, die zuvor in einem Wasserbad sterilisiert wurden, abfüllen. Das Ergebnis ist ein lieblich duftender Essig.

VARIANTEN

Für den Essig können auch Löwenzahn, Waldmeister, Bärlauch und Fliederblüten verwendet werden. Solche zart duftenden Essige bereichern die Küche und sind zudem, in dekorative Flaschen abgefüllt, schöne Gastgeschenke.

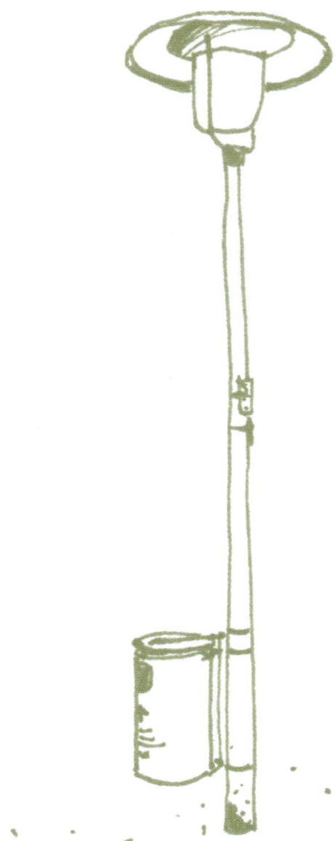

SOMMERLINDE *Tilia platyphyllos*

GINKGO *Ginkgo biloba*

SPITZAHORN *Acer platanoides*

SOMMERLINDE *Tilia platyphyllos*

SCHLÜSSELBLUMENBLÜTEN-GELEE AUF ZITRUSSALAT

2 Tassen Schlüsselblumenblüten
500 ml Weißwein oder weißer Portwein
20–40 g Zucker
1 Vanilleschote, ausgekratztes Mark
etwas abgeriebene Schale einer unbehandelten Zitrone
½ TL Agar-Agar
4 Orangen oder Grapefruits oder Mandarinen
oder eine Mischung davon

Die Schlüsselblumenblüten bis auf wenige Blüten in eine Schale oder Schüssel geben und mit dem Weiß- oder Portwein übergießen. Den Zucker beifügen: bei Portwein 20 g Zucker, bei Weißwein 40 g Zucker. Alles über Nacht ziehen lassen.

Den Blütensud am nächsten Tag mit Vanillemark, Zitronenschale und Agar-Agar aufkochen, dann durchsieben und in eine passende Form (oder mehrere Portionenformen) füllen. Die beiseitegelegten Blüten als Einlage beifügen. 3 Stunden kalt stellen, bis die Masse zu einem festen Gelee geworden ist.

Die Zitrusfrüchte sorgfältig schälen und filetieren oder in Scheiben schneiden. Die Filets oder Scheiben auf einem Teller anrichten. Das Gelee aus der Form stürzen und auf den Zitrusfrüchten anrichten.

TIPPS

Die Blüten können auch gut zur Konservierung in den Wein eingelegt und später verwendet werden. Das Gelee passt auch sehr schön zu den ersten Erdbeeren oder zu Rhabarber.

SCHLÜSSELBLUMENSCHNAPS

300 g Schlüsselblumenblüten
20 g Minzeblättchen
2 unbehandelte Zitronen, abgeriebene Schale
1 l destilliertes Wasser
700 ml klarer Schnaps (Wodka oder neutral 40% Alkohol)
350 g Rohrzucker

Alle Zutaten miteinander in einem großen Einmachglas vermischen und dieses zehn Tage in die Sonne stellen. Dann die Flüssigkeit abseihen, in Flaschen abfüllen und diese fest verschließen.

Holland

HOLUNDERBLÜTENBISKUIT MIT WALDERDBEERQUARK

Dessert für Mai bis August.

- 3 Eier
- 100 g Zucker
- 2 EL Holunderblütensirup
- 75 g Mehl
- 150 g Magerquark oder Sauerrahm
- etwas Mark einer Vanilleschote
- 1–2 EL Zucker nach Belieben
- 1 Schale Walderdbeeren, gewaschen, gerüstet

Den Backofen auf 180 Grad vorheizen. Die Eier mit den 100 g Zucker schaumig schlagen. Den Holunderblütensirup untermischen (ersatzweise können statt 100 g Zucker und dem Holunderblütensirup auch 120 g Zucker und abgelesene Blüten von 3 Blütendolden verwendet werden). Das Mehl dazusieben und alles mit dem Handrührgerät zu einem Teig verrühren. Den Teig auf ein mit Backpapier belegtes Blech streichen und im vorgeheizten Ofen etwa 10 Minuten goldbraun backen. Aus dem Biskuit runde oder eckige Formen ausstechen.

Den Quark oder Sauerrahm mit dem Vanillemark und nach Belieben 1 - 2 EL Zucker verrühren. Die Erdbeeren unterziehen und die Erdbeer-Quark-Masse auf dem Biskuit verteilen. Entweder so oder mit einer weiteren Biskuitschicht als Deckel servieren.

TIPP

Mit dem Holunderblütensirup lässt sich dieses Dessert den ganzen Sommer über zubereiten, mit Saisonfrüchten sogar ganzjährig.

WÜRZIG-FEUCHTER KÜRBISCAKE

Dessert oder Gewürzbissen, von September bis März.

500 g festes Kürbisfleisch
30 g frischer Ingwer
etwas abgeriebene Schale einer unbehandelten Zitrone
2–3 Safranfäden oder 1 Briefchen Safranpulver
1 Päckchen Vanillezucker
Gewürze nach Wahl (siehe unten)
4 Eier
80 g Zucker
60 g weiche Butter
200 g gemahlene Haselnüsse
5 EL Mehl
1 Päckchen Backpulver
3 EL Rahm
1 EL dunkler Rum

Gewürze

z. B. Kardamom, Koriandersamen, Gewürznelken, Muskat, Zimt, Anis, Mohnsamen, Piment, Fenchelsamen, alle gemahlen, Rosenwasser, abgeriebene Orangenschale, einige rosa Pfefferkörner

Das Kürbisfleisch auf der Gemüsereibe raffeln. Wenn der geraspelte Kürbis zu feucht ist, etwas ausdrücken. Den Ingwer schälen und dazureiben. Zitronenschale, Safran und Vanillezucker beigeben. Mit gemahlenen Gewürzen nach Wahl, Rosenwasser oder abgeriebener Orangenschale sowie einigen rosa Pfefferkörnern würzen und alles gut mischen. Ersatzweise kann man statt der Gewürze auch eine Lebkuchengewürzmischung verwenden und nur noch die rosa Pfefferkörner hinzufügen.

Die Eier mit dem Zucker schaumig schlagen. Die weiche Butter und die gemahlenen Haselnüsse unterheben. Das Mehl mit dem Backpulver vermischen und dazusieben. Rahm und Rum beigeben und alles sorgfältig mit der Kürbismasse vermengen.

Eine Cakeform von 1½ Liter Inhalt mit Backpapier auslegen und den Teig einfüllen. Im vorgeheizten Backofen bei 180 Grad etwa 45 Minuten backen. Die Garprobe machen: Dazu mit einem Spieß in den Kuchen stechen; bleibt kein Teig mehr daran haften, ist der Kuchen durchgebacken.

TIPP

Dieser Cake eignet sich vorzüglich zu einem Whisky oder als würziger Bissen zum Nachmittagstee.

WALDMEISTERBLÜTEN-RAVIOLI MIT NESPOLI

Dessert im Frühling, etwas aufwendig, aber dafür sehr fein.

Waldmeisterblüten-Ravioli
250 g Mehl
140 g Butter, zerlassen
40 g Zucker
1 Handvoll Waldmeisterblüten, vorsichtig gesäubert
100 g Rahmquark
etwas Reismehl nach Bedarf

Nespoli
500 g Nespoli (Wollmispel)
1 Vanilleschote, aufgeschlitzt
50 g Zucker

Das Mehl mit der zerlassenen Butter und 10 g Zucker vermischen. Unter Zugabe von etwas Wasser so lange kneten, bis ein elastischer Teig entstanden ist. Den Teig 3 Stunden kühl stellen, dann möglichst dünn auswallen.

Die Nespoli waschen und schälen, die Schalen und Anschnitte beiseitelegen. 400 ml Wasser mit der Vanilleschote und dem Zucker aufkochen. Die Schalen und Anschnitte der Nespoli mitkochen, dies ergibt einen aromatischen, orangefarbenen Sud. Die Nespoli in feine Schnitze schneiden und in eine Schüssel geben. Den heißen Sud durch ein Sieb streichen und über die Nespoli gießen. Abkühlen lassen.

Die Waldmeisterblüten abzupfen und zu dem Rahmquark geben. Die restlichen 30 g Zucker hinzufügen und je nach Feuchtigkeit des Quarks mit etwas Reismehl binden. Die Füllung in kleinen Häufchen auf der einen Hälfte des ausgerollten Teigs verteilen und die andere Teighälfte darüberlegen. Mit den Fingern den Teig um die Füllung herum gut andrücken und mit einem Ausstecher oder Teigrad Ravioli ausschneiden. Die Ravioli in kochendem Wasser 2 Minuten garen.

Die Nespoli mit der Sauce als Spiegel auf Teller geben. Die Ravioli darauf anrichten und sofort servieren.

FLIEDERBLÜTENKÖPFCHEN MIT RHABARBERKOMPOTT

Dessert für Mai und Juni.

Fliederblütenköpfchen

1 Tasse Fliederblüten plus einige Blüten zum Garnieren
500 ml Milch
1 Vanilleschote, aufgeschlitzt
1 Streifen abgeschälte Zeste einer unbehandelten Zitrone
2 Eier
3 Eigelb
60 g Zucker

Rhabarberkompott

500 g Rhabarber
100 – 150 g Zucker
1 kleines Stück Ingwer
1 Sternanis
½ Zimtstange
1 EL dunkler Rum

Die Fliederblüten abzupfen. Die Hälfte der Fliederblüten in der Milch über Nacht einlegen. Am nächsten Tag die Milch mit den Blüten, der Vanilleschote und der Zitronenschale aufkochen und 10 Minuten ziehen lassen. Die ganzen Eier und die Eigelbe mit dem Zucker kurz aufschlagen und die restlichen Fliederblüten beigeben. Den Milchsud etwas auskühlen lassen (auf ca. 80 Grad), dann durch ein Sieb zu der Eier-Zucker-Masse streichen.

Kleine Soufflé- oder Timbaleförmchen (ca. 150 ml Inhalt) mit kaltem Wasser ausschwenken und die Masse einfüllen. Die Förmchen in eine mit Wasser gefüllte große Gratinform stellen und mit Folie abdecken. Im vorgeheizten Backofen bei 160 Grad 35 – 40 Minuten garen. Herausnehmen, auskühlen lassen und im Kühlschrank kalt stellen. Die Fliederblütenköpfchen halten sich im Kühlschrank gut 3 – 4 Tage.

Den Rhabarber waschen, schälen und rüsten, die Schalen und Abschnitte für den Sud beiseitelegen (diese färben ihn schön rötlich). 600 ml Wasser aufsetzen, Zucker, Gewürze sowie die Rhabarberschalen und -abschnitte beigeben und aufkochen. Die Rhabarberstangen in 1 cm breite Stücke schneiden, in eine Schüssel geben und mit dem Rum beträufeln. Den heißen Rhabarbersud durch ein Sieb zum Rhabarber streichen. Abkühlen lassen, dann kalt stellen. So behält der Rhabarber einen schönen Biss. Vor dem Servieren muss er nochmals kurz aufgekocht werden.

Die Fliederblütenköpfchen dem Rand entlang lösen, auf Teller stürzen und mit der Rhabarbersauce garnieren. Einige frische Fliederblüten dazulegen.

HOLUNDER-TAVOLATA

BLÜTENTEMPURA AUF QUINOA-MUNGBOHNEN-SALAT

HOLUNDERBLÜTEN IN BIERTEIG MIT RHABARBERKOMPOTT UND AZUKIBOHNEN-SESAM-BÄLLCHEN

Dazu passt sehr gut ein trockener Riesling
aus der Pfalz oder ein Blauburgunder vom Walensee
oder aus der Bündner Herrschaft.

1 PHILIP BRÄM, 2 MILA, 3 CHRISTOPH BADOUX, 4 KIM, 5 ARNO, 6 JANOSCH,
7 VERDECKT MAKIYA, 8 NADJA ZELA, 9 ZAINAB LASCANDRI, 10 MURAT ERDUDAR
11 JAMINA, 12 MAURICE MAGGI, 13 NADINE CHRÉTIEN

LIKE BIKE

BLÜTENTEMPURA AUF QUINOA-MUNGBOHNEN-SALAT

Quinoa-Mungbohnen-Salat
120 g roter Quinoa
120 g grüne Mungbohnen
Salz
5 EL Waldmeisteressig
(siehe Rezept Seite 71 Schlüsselblumenessig)
5 EL Mohnsamenöl
10 EL Sonnenblumenöl
3 Frühlingszwiebeln, weißer Teil, fein geschnitten
Salz und Pfeffer aus der Mühle

Blütentempura
1 Eigelb
125 ml Eiswasser
120 g Reismehl
1 Prise Salz
Öl zum Frittieren
Blüten von Holunder, Schnittlauch, Thymian, Wiesensalbei, Margeriten und/oder Löwenzahn

Garnitur
1 Bund Radieschen, in feine Scheiben geschnitten
1 Bund Schnittlauch, in Röllchen geschnitten
1 Handvoll Blutampfer, Rucola oder Spinatblätter

Für den Salat Quinoa und Mungbohnen zusammen in Salzwasser etwa 20 Minuten weich kochen, dann auf der ausgeschalteten Herdplatte noch 10 Minuten quellen lassen. In ein Sieb geben und gut abtropfen lassen.

Für das Dressing den Waldmeisteressig mit den beiden Ölen verrühren. Mit Salz und Pfeffer abschmecken. Die Frühlingszwiebeln dazugeben und alles gut durchmixen. Mungbohnen und Quinoa mit dem Dressing vermischen und 40 Minuten ziehen lassen.

Für die Tempura das Eigelb mit dem Eiswasser in eine Schüssel geben und aufschlagen, Reismehl und Salz untermischen. Der Teig darf ruhig noch Klümpchen aufweisen, das macht die Teigkruste besonders knusprig. Reichlich Öl in der Fritteuse oder in einer tiefen Pfanne auf 180 Grad erhitzen (Stufe 2). Die Blüten nacheinander in den Tempurateig tauchen, etwas abtropfen lassen und anschließend im heißen Öl goldbraun frittieren. Auf Küchenpapier abtropfen lassen. Warm servieren.

Radieschen und Schnittlauch unter den Quinoa-Mungbohnen-Salat mischen. Die Tempura auf dem Salat anrichten. Mit Blutampfer, Rucola oder Spinatblättern garnieren.

TIPP

Wasabi mit Sojasauce mischen, wobei das Wasabi sehr sorgfältig verwendet werden soll.

HOLUNDERBLÜTEN IN BIERTEIG MIT RHABARBERKOMPOTT UND AZUKIBOHNEN-SESAM-BÄLLCHEN

Azukibohnen-Sesam-Bällchen
250 g Azukibohnen
1 Prise Salz
100 g Zucker oder 60 ml Agavendicksaft
Sesamsamen zum Wenden

Holunderblüten in Bierteig
200 ml Bier
1 Eigelb
200 g Weißmehl
3 Eiweiß
1 Prise Salz
½ EL Zucker
Sonnenblumenöl zum Ausbacken (ca. 1 l)
12 Holunderblüten, gesäubert
Puderzucker zum Bestreuen nach Belieben

Rhabarberkompott
siehe Rezept Seite 86

Die Azukibohnen über Nacht in kaltem Wasser einweichen, dies verkürzt die Kochzeit. Am nächsten Tag abgießen und mit frischem Wasser aufkochen. Das Salz hinzufügen und die Bohnen in 30 – 40 Minuten weich kochen (wenn sie nicht eingeweicht werden, benötigen sie ca. 1 Stunde). Dann abgießen und durch ein Haarsieb pressen, sodass die Häutchen zurückbleiben. Alternativ können die gegarten Bohnen auch nur püriert werden. Das Bohnenpüree in einen Topf geben, den Zucker oder Agavendicksaft zugeben und nochmals 10 Minuten unter stetigem Rühren köcheln lassen. Auskühlen lassen. Dann zu pflaumengroßen Bällchen formen und diese in Sesam wenden.

Für den Bierteig das Bier gut mit dem Eigelb und dem Mehl vermengen. Das Eiweiß mit 1 Prise Salz und dem Zucker steif schlagen und unter den Bierteig heben. Das Öl in einer Fritteuse oder einer tiefen Pfanne auf 180 Grad erhitzen. Die Holunderblüten durch den Bierteig ziehen, überschüssigen Teig abtropfen lassen und dann im Öl schwimmend frittieren. Auf Küchenpapier gut abtropfen lassen und nach Belieben mit Puderzucker bestäuben.

Das Rhabarberkompott nach dem Rezept Seite 86 zubereiten.

Die Azukibohnenbällchen mit den ausgebackenen Holunderblüten und dem Rhabarberkompott anrichten.

TIPP
Die Azukibohnenmasse hält sich im Kühlschrank rund fünf Tage, sie kann auch tiefgefroren werden.

AHORN, SPITZAHORN

Acer platanoides

STECKBRIEF

Der sommergrüne Baum wird bis zu 30 Meter hoch. Er ist in ganz Mitteleuropa weit verbreitet und wächst bis in Höhen von 1200 Meter. Die Blätter sind handförmig, fünfzackig.

VERWENDUNG

Von März bis April ergeben die leicht süßlich schmeckenden Blüten eine schöne Dekoration für Salate. Ab April können Austriebe und Keimlinge verwendet werden, sie schmecken mild-säuerlich bis süß und sind gut für Salate und als Spinatersatz geeignet. Sie sind reich an Kalzium, Magnesium, Eisen und enthalten 5 Prozent Eiweiß.

WISSENSWERTES

Wegen seiner Widerstandskraft gegen Abgase und Umweltbelastungen ist der Spitzahorn ein wichtiger Stadtbaum geworden. Er gehört zu den häufigsten Bäumen in Städten. Zu Frühlingsbeginn, während viele andere Bäume noch weitgehend kahl sind, bildet der Spitzahorn, noch bevor seine Blätter sprießen, eine Vielzahl gelbgrüner Blütendolden. Das Holz ist sehr druckresistent und daher sehr beliebt im Möbelbau.

BÄRLAUCH

Allium ursinum

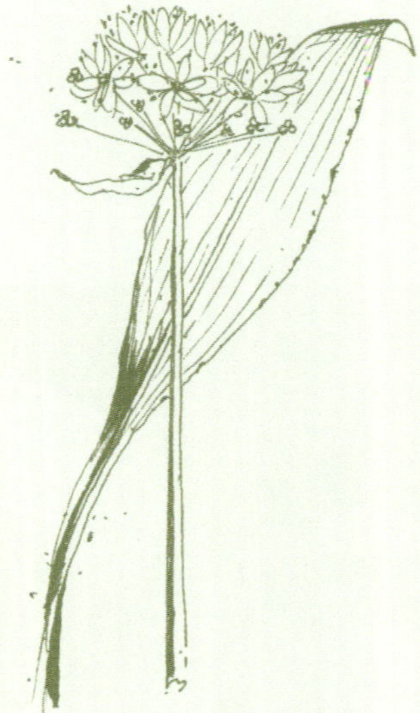

STECKBRIEF

Ausdauernde Zwiebelpflanze, in ganz Europa und Asien in lichten Wäldern verbreitet. Die intensiv grünen, von Längsnerven durchzogenen Blätter werden 5 – 15 Zentimeter lang und keimen in milden Wintern schon im Februar. Von April bis Mai zeigen sich die weißen Blütendolden, die fein lauchartig riechen.

VERWENDUNG

Von März bis April werden die jungen Blätter in Salaten, als Gemüse oder als Knoblauchersatz verwendet, die Blüten ebenfalls in Salaten, für Essige oder als Dekoration. Sie sind im Geschmack etwas milder als die Blätter. Ab Juni können die grünen Samen als Pfefferersatz dienen; ihr Geschmack ist knoblauchartig intensiv scharf.

WISSENSWERTES

Bärlauch ist heute wohl die bekannteste essbare Wildpflanze und lässt sich in der Küche auf unglaublich vielfältige Weise verwenden, von Pesto über Nudelgerichte, Raviolifüllungen bis zu Saucen, Würsten und anderem mehr. Bärlauch kann bei großen Mengen zu Blähungen führen.

BRENNNESSEL

Urtica dioica

STECKBRIEF

Die weltweit verbreitete ausdauernde Pflanze wird bis zu 2 Meter hoch. Sie bildet Rhizome und wuchert gerne. Sie gedeiht gut auf stickstoffreichen Böden, in sonnigen bis schattigen Lagen.

VERWENDUNG

Die Brennnessel ist eine sehr alte traditionelle Gemüsepflanze. Sie wächst überall im menschlichen Siedlungsraum, schmeckt sehr aromatisch und würzig und eignet sich für viele Verwendungen. Von März bis in den Herbst ergeben die jungen Triebe ein wohlschmeckendes Wildgemüse. Zum Rohessen sollten die Triebe oder Blätter kalt kräftig abgebraust und in einem Küchentuch mit dem Wallholz gewalzt werden; dadurch werden die Brennhaare gebrochen und die Blätter genießbar.

Auch als Heilmittel und in der Kosmetik kommt die Brennnessel zum Einsatz. Brennnesseltee wirkt harntreibend und blutreinigend. Den nussig schmeckenden Samen wird eine potenzstärkende Wirkung nachgesagt. In der Kosmetik wirkt ein Aufguss aus den Blättern als Haarwasser bei fettigen Haaren.

WISSENSWERTES

Die Blätter enthalten sehr viele Mineralien wie Magnesium, Kalium, Eisen, Silicium (Kieselsäure), die Vitamine A, C und E sowie Carotinoide. Sie sind außerdem sehr eiweißreich. Die Brennnessel ist eine wichtige Wirtspflanze für Schmetterlinge und bietet fünfzig verschiedenen Arten Nahrung.

BUCHE

Fagus sylvatica

STECKBRIEF

Der sommergrüne Baum, der bis 40 Meter hoch und bis 80 Jahre alt wird, ist auf der nördlichen Erdhalbkugel weit verbreitet und ein beliebter Allee- und Parkbaum. Seine Rinde ist glatt und grau, die glänzenden, grünen Blätter sind fein gezahnt. Buchen behalten ihr braun gefärbtes Laub bis tief in den Winter.

VERWENDUNG

Junge Blätter, gleich nach dem Austrieb gesammelt, als Salat oder Gemüse. Die Früchte, die Bucheckern, können leicht geröstet gegessen oder zu Öl gepresst werden.

WISSENSWERTES

Buchenholz ergibt ein gutes Brennholz, das ruhig und lange brennt und so eine konstante Hitze produziert. Die Bucheckern dienten und dienen als Öl, Kaffee-Ersatz und Speise für Mensch und Nager. Sie enthalten 46 Prozent Öl und reichlich Oxalsäure.

GIERSCH

Aegopodium podagraria

STECKBRIEF

Diese ausdauernde Pflanze (auch Geißfuß oder Baumtropf genannt) wird bis 40 Zentimeter hoch. Ihre doppelt dreizähligen Blätter sind gefiedert. Sie blüht von Juni bis August in weißen Dolden.
Durch ihre Rhizome ist sie sehr stark wuchernd, kann sich in Jahren über ganze Gärten und Parks verbreiten und gilt daher als lästiges Unkraut. Giersch ist in ganz Europa stark verbreitet. Er liebt halbschattige und schattige Standorte und wächst gerne um Bäume herum, darum der Name Baumtropf.

VERWENDUNG

Die Verwendung der Pflanze ist zugleich das beste Mittel zu ihrer Bekämpfung: Durch regelmäßiges Ernten der jungen, zarten Blätter wird die Pflanze geschwächt und stirbt langsam ab. Ob roh oder gekocht, ergibt sie ein herrliches Gemüse, ähnelt dem Spinat und leicht nach Petersilie schmeckend. Sie enthält sehr viel Vitamin C, Kalium, Karotin und Eisen und sicherte früher in Hungersnöten den Menschen die Vitaminzufuhr.

WISSENSWERTES

Gilt heute als Gartenschreck Nummer eins. Weil die Wurzeln bis 50 Zentimeter tief reichen, kann er kaum bekämpft werden. Giersch war ein traditionelles Hausmittel gegen Gicht und wurde dafür sogar extra angebaut. Er diente auch als Futter für Kaninchen.

GINKGO

Ginkgo biloba

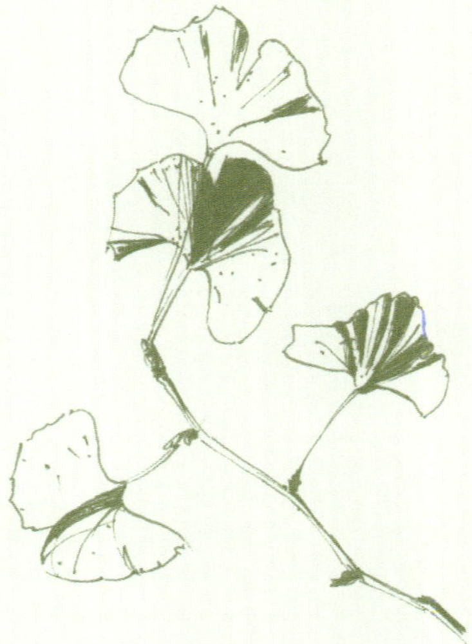

STECKBRIEF

Ursprünglich aus China stammend, seit 1730 auch in Europa beheimatet, wird der Ginkgo – das einzige Exemplar einer ansonsten ausgestorbenen urzeitlichen Pflanzenfamilie – inzwischen weltweit angepflanzt. Er wird bis zu 40 Meter hoch und bis 1000 Jahre alt. Er ist weder Nadel- noch Laubbaum; seine Blätter erinnern an Nadeln, die zu einem Blatt zusammengewachsen sind.

VERWENDUNG

Im Frühling die jungen Blätter als Gemüse oder Salat. Die Blätter werden auch in verschiedensten Präparaten als Heilmittel gegen Demenz, Schwindel und Gedächtnisstörungen verwendet. Im Herbst werden die gelben Kerne der Nüsse in Reis mitgekocht oder geröstet und gesalzen als Knabberei gegessen. Bei Kälte werden die Früchte gelb und entwickeln einen intensiven Geruch nach Buttersäure.

WISSENSWERTES

Ginkgo ist zweihäusig (getrenntgeschlechtig), nur die weibliche Pflanze trägt Früchte. Als besonders widerstandsfähige Pflanze wächst er auch an Orten, wo Temperaturen bis minus 30 Grad herrschen. Er ist praktisch resistent gegen Viren, Insekten und Pilzbefall, zudem unempfindlich gegen Schadstoffe und wird deswegen heutzutage gerne als Alleebaum gepflanzt.

HOPFEN

Humulus lupulus

STECKBRIEF

Der überall auf der Nordhalbkugel vorkommende Hanf wächst jährlich neu vom Boden aus schnell bis auf eine Höhe von 5 Metern. Die sich im Uhrzeigersinn windende Kletterpflanze gehört in die Familie der Hanfgewächse und hat auch hanfähnliche, behaarte Blätter. Sie ist zweihäusig, mit zapfenähnlichen Früchten.

VERWENDUNG

Junge Sprossen im März und April ergeben ein delikates Gemüse mit fein harzigem Geschmack. Die Früchte werden für die Bierbrauerei kultiviert, sie geben dem Bier den Bitterstoff. Als Tee bei Nervosität und Schlafstörungen verwendet.

WISSENSWERTES

Hopfenöl ist gut gegen Insekten. Es enthält zudem Östrogene und wird zur Steigerung der Fruchtbarkeit verwendet.

LÖWENZAHN

Taraxacum officinale

STECKBRIEF

Diese weltweit verbreitete Pflanze wächst gerne auf nährstoffreichem Boden, am Fuß von Böschungen und ist bis in Höhen von 2800 Meter anzutreffen. Dank der bis in 2 Meter Tiefe reichenden Pfahlwurzeln ist sie besonders zäh. Löwenzahn wird bis 30 Zentimeter hoch; der Stängel wächst aus einer Blattrosette. Die Blattränder sind stark gezahnt, daher der Name. Im April und Mai blüht die Pflanze satt gelb, oft auch später. Die Blüten bleiben nachts, bei Kälte und Regen geschlossen. Die Samen sind an Schirmchen befestigt (die bekannte Pusteblume).

VERWENDUNG

Alle Pflanzenteile werden verwendet. Von März bis Juni die jungen Blattrosetten als Salat oder Gemüse mit einer schönen Bitternote und chicoréeartigem Geschmack. Die Blütenknospen werden in Essig eingelegt oder gebraten als Gemüse. Die Blütenblätter kann man in Desserts, Essigen oder besonders gerne in Sirups verwenden; sie sind süß und schmecken honigartig. Die Wurzeln dienen als Meerrettichersatz; aus den gerösteten Wurzeln wurde in den Nachkriegsjahren ein Kaffee-Ersatz hergestellt. In der Heilkunde als Heilmittel gegen Leber-, Verdauungs- und rheumatische Beschwerden eingesetzt, außerdem als Teekur zur Blutreinigung. Der milchige Saft gilt auch als Mittel gegen Warzen.

WISSENSWERTES

Auf nährstoffreichen Böden wird der Löwenzahn gerne invasiv. Dagegen hilft fleißiges Abernten, das die Pflanze ermüdet. Löwenzahn ist eine wichtige und ertragreiche Bienenweide und ergibt einen aromatischen, kräftigen Honig.

GROSSER SAUERAMPFER

Rumex acetosa

STECKBRIEF

Die in Europa bis zum Nordkap weit verbreitete mehrjährige krautige Pflanze wird 30 – 100 Zentimeter hoch. Sie liebt fette Böden und kann dadurch bei überdüngten Böden auch zum Problem werden. Ab Juni erscheinen die rötlich-roten Blütenrispen. Da die Pflanze über Speicherwurzeln verfügt, die bis 1½ Meter tief in den Boden wachsen können und da auch kleinste Teile regenerationsfähig sind und neu ausschlagen, ist Sauerampfer als besonders hartnäckig bekannt. Für Viehfutter ungeeignet.

VERWENDUNG

Im jungen Stadium sind alle Ampferarten genießbar. Von März bis Oktober sind alle Teile der Pflanze essbar, die jungen Triebe und die frischen unverletzten Blätter schmecken roh sehr delikat mit einem säuerlichen Zitronengeschmack. Sie enthält viel Vitamin C, Karotin, Eisen und Gerbstoffe und gilt als blutreinigend. Mein Favorit ist der in den Alpen wachsende Blutampfer, ein herrlich erfrischendes Gemüse.

WISSENSWERTES

Von den Bauern heute als «Blacken» bekämpft, wurde der Heilwert der Pflanze früher geschätzt: im Altertum bei Griechen und Römern als Mittel zur Fettverdauung, im Mittelalter in England kultiviert wegen ihres hohen Vitamin-C-Gehalts und von den Seefahrern des Mittelalters als Nahrung gegen Skorbut begehrt.

ECHTE SCHLÜSSELBLUME

Primula veris

STECKBRIEF

Der botanische Name sagt es: Dies ist die erste Blume, die im Frühjahr blüht. Ab Februar bis in den Mai zeigen sich in tieferen Lagen ihre dottergelben Blüten. Sie wird bis 15 Zentimeter hoch. Sehr verbreitet in ganz Europa bis in 2000 Meter Höhe, in Magerwiesen oder lichten Wäldern.

VERWENDUNG

Junge Blätter für Salate, Blüten für Salate, Tees und Desserts. Aus den Blüten lässt sich ein herrlich lieblicher Likör herstellen. Die Wurzeln sind gut bei Husten und Erkrankungen der Bronchien.

WISSENSWERTES

Im Norden gilt die Schlüsselblume als Fruchtbarkeitssymbol. Sie enthält Saponine, Flavonoide, ätherische Öle, Gerbstoffe und Kieselsäure. Erstere dienen der Schleimlösung und helfen beim Abhusten. Die Echte Schlüsselblume hat große Ähnlichkeit mit der Gewöhnlichen Schlüsselblume (Primula elatior), die hellgelb blüht. Beide können in der Küche gleich verwendet werden.

SOMMERLINDE

Tilia platyphyllos

STECKBRIEF

Die in Mittel- und Südeuropa heimische, häufig als Straßen- und Parkbaum gepflanzte Sommerlinde liebt milde Zonen bis auf 1000 Meter Höhe und wird bis 1000 Jahre alt. Sie mag keine späten Fröste und setzt sich an steinigen Hängen gegenüber anderen Baumarten gut durch, bildet eine breite und mächtige Krone bis 40 Meter Höhe und einen Stammumfang von bis zu 1½ Meter Durchmesser. Als Pfahlwurzler, der das Wasser aus der Tiefe holt, ist der Baum resistent. Die Blätter sind herzförmig und stark gezahnt, sie werden 5 – 10 Zentimeter lang und breit. Blüht in Trugdolden ab Juni und riecht intensiv lieblich-süß; bei Dämmerung am Abend ist der Geruch am intensivsten.

VERWENDUNG

Die ganz jungen Blätter sind als Salat eine Delikatesse. Die Blüten im Juni eignen sich dank ihres einzigartigen Geschmacks und des feinen Aromas für Tees, Sirups, Limonaden und Desserts. Als Tee sind sie ein bewährtes Heilmittel bei Grippe und Husten, haben außerdem eine beruhigende Wirkung. Der süße Nektar (90 % Zuckergehalt) ist bei Bienen sehr beliebt und ergibt einen außergewöhnlich hohen Ertrag an Honig.

WISSENSWERTES

Der Baum gilt als Symbol der Gemeinschaft, etwa in Form der Dorflinde früherer Zeiten, und wurde oft auch als Geburtsbaum des Stammhalters gepflanzt. Lindenholz ist ein gutes Schnitzholz, wird auch im Möbel- und Musikinstrumentenbau gerne verwendet. Die aus Lindenholz gewonnene Kohle wurde als Heilmittel bei Magenbeschwerden verwendet.

SPITZWEGERICH

Plantago lanceolata

STECKBRIEF

Die krautige, ausdauernde, ursprünglich aus Europa stammende und heute weltweit verbreitete Pflanze mit langen lanzettförmigen Blättern wird 5 – 30 Zentimeter hoch und hat ein verzweigtes Wurzelwerk, das bis in 60 Zentimeter Tiefe reichen kann. Von Juli bis September zeigen sich die weißen Blüten an den braunen, ährenartigen Blütenständen.

VERWENDUNG

Die jungen Blätter dienten in Zeiten der Not als Salat und werden heute wiederentdeckt. Die ganze Pflanze ist sehr schleimlösend und daher auch in den meisten Hustenteemischungen enthalten. Sie wird auch gerne mit Honig oder Zucker zu Sirup verarbeitet. Die nussartig schmeckenden Samen sind verdauungsfördernd. Die Wurzeln können roh oder gekocht verwendet werden und sind gut für die Mundhygiene.

WISSENSWERTES

Die Pflanze enthält Vitamin C, viele Gerb- und Schleimstoffe und reichlich Kieselsäure. Der Saft der Blätter wurde früher als Desinfektionsmittel benutzt, er wirkt antibakteriell und ist gut gegen Insektenstiche.

SOMMER

BEI VIELEN MENSCHEN IST IHR GEBURTSMONAT
AUCH IHR LIEBLINGSMONAT – BEI MIR
ALS SOMMERKIND TRIFFT DIES ABSOLUT ZU.

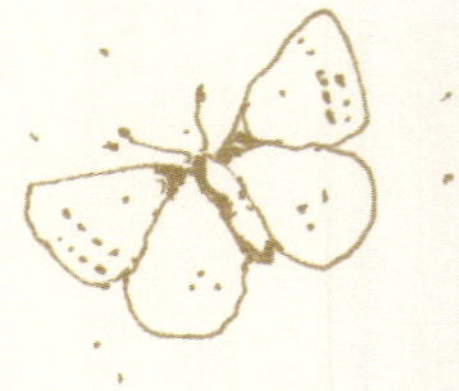

KALTES MELONENSÜPPCHEN MIT WURZELN UND BLÜTEN DER WEGWARTE

Vorspeise oder Zwischengang bei einem großen, mehrgängigen Menü. Saison Juni bis September.

---

250 ml Gemüsebouillon
50 ml weißer oder roter Portwein
etwas Cayennepfeffer
wenig Wegwartenwurzel, geraffelt
1 reife Cavaillon-Melone
12–16 Blüten der Wegwarte

Die Gemüsebouillon aufkochen, den Portwein zugeben und abkühlen lassen. Vorsichtig mit Cayennepfeffer und geraffelter Wegwartenwurzel würzen (Achtung: Die Wurzel ist sehr bitter-scharf!). Die Melone schälen und entkernen. Mit einem Ausstecher einige Melonenkugeln ausstechen und zum Garnieren beiseitelegen. Den Rest grob zerkleinern, zu der Portweinmischung geben und alles pürieren. Mit Melonenbällchen und Wegwartenblüten garniert kalt servieren.

VARIANTEN

Anstelle von Wegwartenwurzel mit Meerrettich würzen. Ysop, wilde Malvenblüten oder Schnittlauchblüten passen ebenfalls – die blaue Farbe ergibt einen schönen Akzent auf der Suppe. Auch frische Minze passt gut dazu.

RINGELBLUMENSÜLZE AUF WEGWARTE-SPITZWEGERICH-SALAT

Vorspeise oder kleine Mahlzeit für den Sommer. Vegan.

---

600 ml Weißwein
10 Ringelblumenblüten
1 Zwiebel, fein gehackt
1 TL Agar-Agar
100 g Karotte, Sellerie, Pfälzer Rübe und/oder Lauch, in feinste Würfelchen geschnitten
Salz und Cayennepfeffer
Thymian, fein gehackt
Schnittlauch, in Röllchen geschnitten
1 mittlere Schüssel Wegwarten- und Spitzwegerichblätter
1 unbehandelte Zitrone, abgeriebene Schale und Saft
3 EL Rapsöl
Pfeffer aus der Mühle

Den Weißwein mit 6 Ringelblumenblüten und der fein gehackten Zwiebel aufkochen. Den Agar-Agar beigeben und alles 3 Minuten kochen lassen, dann durchsieben. Die Gemüsewürfelchen zugeben und den Sud nochmals aufkochen. Mit Salz, Cayennepfeffer und Thymian würzen und etwas auskühlen lassen.

Die restlichen Ringelblumenblüten und den Schnittlauch in eine Form geben und mit dem abgekühlten Sud übergießen. Etwa 3 Stunden im Kühlschrank gelieren lassen.

Die Wegwarten- und Spitzwegerichblätter waschen, trocken schütteln und in eine Schüssel geben. Zitronensaft und -schale, Rapsöl, Salz und Pfeffer zu einer Sauce verrühren und über die Salatblätter geben. Zum Servieren die Sülze stürzen und mit dem Salat anrichten.

TIPP

Die Sülze kann mit allen essbaren Blüten hergestellt werden und ist so fast ganzjährig zuzubereiten. Leider ist Sülze äußerst unverdient eine etwas in Vergessenheit geratene Speise. In dieser attraktiven Form kann man sie von dem verstaubten Sechzigerjahre-Klischee befreien.

WILDKRÄUTER-PIZZA-BIANCA

Als Beilage zu Salaten, für ein Buffet oder zum Apéro.

---

20 g Hefe
etwas Zucker
500 g Weißmehl
6 EL Olivenöl
1½ TL Salz
1 Tasse wilde Malven-, Wegwarten-, Sauerampfer- und Spitzwegerichblätter, klein geschnitten
Öl für das Blech

Die Hefe zerbröckeln, mit dem Zucker bestreuen und 2 Esslöffel warmes Wasser zugeben. Das Mehl in eine Schüssel sieben. Olivenöl, Hefe und Salz dazugeben und unter Zugabe von 300 – 400 ml lauwarmem Wasser so lange kneten, bis ein geschmeidiger Teig entstanden ist, der sich gut von den Fingern löst.

Die klein geschnittenen Wildpflanzenblätter unter den Teig kneten. Die Schüssel mit einem feuchten Tuch bedecken und den Teig mindestens 30 Minuten oder noch besser über Nacht im Kühlschrank gehen lassen. Je länger der Teig gehen darf, desto luftiger wird die Pizza.

Den Backofen auf 200 Grad vorheizen. Den Teig auswallen, auf ein eingeöltes Backblech legen und nochmals kurz gehen lassen. Eine feuerfeste Form mit etwas Wasser in den Ofen stellen oder vor dem Backen die Pizza mit Wasser bepinseln oder, wer einen Kombisteamer hat, bei Backbeginn 2 – 3 Stöße Wasserdampf geben. Die Pizza im vorgeheizten Ofen etwa 20 Minuten backen.

VARIANTE

Es sind unendlich viele Varianten möglich, zum Beispiel mit sämtlichen Küchenkräutern, Oliven, getrockneten Tomaten, Knoblauch- oder Speckwürfeln.

KÄSESOUFFLÉ MIT PISTAZIEN UND SAFRAN AUF SAUERKLEEPESTO

Vegetarische Vorspeise oder Hauptgang, auch ganzjährig möglich.

Käsesoufflé
50 g Mehl
50 g Butter
20 ml Weißwein
180 ml Milch
frisch geriebene Muskatnuss
Paprikapulver, Pfeffer aus der Mühle
1 EL Pistazien, gehackt
3 Eier
1 Briefchen Safran
90 g Käse (Sbrinz, Gruyère oder anderer Hartkäse), frisch gerieben
Salz
Butter und Mehl für die Förmchen

Sauerkleepesto
1 Handvoll Sauerklee
100 ml Olivenöl oder Nussöl
1 EL Pinienkerne
Salz und Pfeffer aus der Mühle

Den Backofen auf 200 Grad vorheizen. Für das Soufflé in einem Topf das Mehl in der Butter leicht anrösten. Mit dem Weißwein und der Milch ablöschen und alles zu einem dicklichen Brei verrühren. Mit Muskat, Paprikapulver und viel frisch gemahlenem Pfeffer würzen. Die gehackten Pistazienkerne unterziehen. Den Topf vom Herd nehmen. Die Eier trennen und die Eigelbe mit dem Safran unter die Masse mischen. Den geriebenen Käse beigeben und eventuell nochmals mit Salz abschmecken. Die Eiweiße steif schlagen und sorgfältig unterheben.

4 kleine Soufflléförmchen oder eine große feuerfeste Form mit Butter auspinseln und mit Mehl ausstäuben. Die Masse einfüllen und im vorgeheizten Ofen etwa 30 Minuten backen.

In der Zwischenzeit den Sauerklee mit dem Olivenöl oder Nussöl in einen Rührbecher geben. Die Pinienkerne und etwas Salz und Pfeffer hinzugeben und alles gut pürieren. Das fertige Soufflé aus dem Ofen nehmen und sofort servieren. Das Sauerkleepesto dazu reichen.

TIPP

Während des Backens darf der Ofen auf keinen Fall geöffnet werden, sonst fällt das Soufflé in sich zusammen. Soufflés gelten als spezielle Herausforderung; dies jedoch nur, weil sie exakt getimt und à la minute zubereitet werden müssen. Deshalb findet man sie heute kaum noch auf den Speisekarten der Restaurants.

VARIANTE

Sauerklee kann durch andere Kräuter ersetzt werden, wie Löwenzahn, Sauerampfer oder Bärlauch.
Für Naturmuffel und als ganzjährige Variante ginge auch eine Mischung aus Thymian, Schnittlauch und Frühlingszwiebeln.

SOBANUDELSALAT MIT GROSSER KLETTE UND ARAME-ALGEN

Veganer Sommerteller, kalt serviert als Vorspeise oder Hauptgang.

---

1 Handvoll getrocknete Arame-Algen
250 g Sobanudeln aus Buchweizenmehl
oder Sobanudeln selbst gemacht (siehe Rezept Seite 52)
10 – 15 junge Blätter der Großen Klette
8 Blätter des Roten Shiso
1 unbehandelte Zitrone, abgeriebene Schale und Saft
etwas Wasabipulver nach Belieben
Salz
2 EL Reisessig oder Mirinpaste
3 EL Distelöl

Für die Nudeln Wasser aufsetzen und nur leicht salzen. Die Algen in das Wasser geben und aufkochen, dann die Sobanudeln zugeben und in circa 6 Minuten weich kochen. Abgießen, dabei etwas Kochwasser auffangen, Nudeln und Algen kalt abschrecken und abkühlen lassen.

Die Kletten- und die Shisoblätter in feine Streifen schneiden und mit Nudeln und Algen vermischen. Aus Zitronensaft, Zitronenschale, 3 Esslöffeln des aufgefangenen Kochsuds, nach Belieben etwas Wasabipulver, Salz, dem Reisessig oder Mirin und dem Distelöl ein Dressing rühren und über den Salat geben.

HINWEIS

Roter Shiso ist ein invasiver Lippenblütler, der bei uns sehr gut gedeiht. Im Kräutergarten ist er eine dekorative Nutzpflanze; einmal vor Ort heimisch, bleibt er ein jährlich wiederkehrender Gast.

VARIANTE

Anstelle der Klettenblätter kann dieser Salat auch mit feinen Streifen von Rettich und Gurke zubereitet werden.

Bio • Organic

DREIERLEI VON BOHNEN MIT LÖWENZAHNWURZEL-BASILIKUM-SAUCE

Vorspeise im Spätsommer.

Terrine
300 g große getrocknete weiße Bohnen
1 Zwiebel, fein gehackt
4 Knoblauchzehen, fein gehackt
1 Zweig frischer Rosmarin, fein gehackt
3 EL Olivenöl
2 Eier
Salz und Pfeffer aus der Mühle

Roher Schlangenbohnen-Salat
300 g Schlangenbohnen
1 EL Bohnensud
1 EL Rotweinessig
1 EL Olivenöl
1 kleine Zwiebel, fein gehackt
etwas glatte Petersilie, fein geschnitten
Salz und Pfeffer aus der Mühle

Gekochte Bohnen
300 g Stangenbohnen
1 Zweig Bohnenkraut
1 kleine Zwiebel, fein gehackt
2 EL Bohnensud
2 EL Apfelessig
2 EL Rapsöl
1 EL Kürbiskernöl

Löwenzahnwurzel-Basilikum-Sauce
100 ml Olivenöl
3 – 4 cm Löwenzahnwurzel, geraffelt
3 EL Apfelessig
1 Bund Basilikum, fein geschnitten
Salz und Pfeffer aus der Mühle

Für die Terrine die weißen Bohnen über Nacht in Wasser einweichen. Am nächsten Tag abgießen, in frischem Wasser aufkochen und in etwa 40 Minuten weich garen. Durch ein Sieb abgießen und etwas vom Sud auffangen. Zwiebel, Knoblauch und Rosmarin im Olivenöl andünsten. Die Bohnen dazugeben und mit einem Löffel zerdrücken. Etwas von dem aufgefangenen Sud dazugeben und zu einer cremigen Masse rühren. Die Eier aufschlagen und untermischen. Mit Salz und Pfeffer abschmecken. Eine Cakeform mit Backpapier auskleiden und die Masse einfüllen. Im Backofen bei 160 Grad etwa 40 Minuten backen.

Für den rohen Schlangenbohnen-Salat die Bohnen waschen und in 6 – 8 cm lange Stücke schneiden. Aus den restlichen Zutaten ein Dressing rühren und die Schlangenbohnen darin 1 Stunde marinieren.

Für die gekochten Bohnen die Stangenbohnen rüsten und in Wasser mit dem Bohnenkraut etwa 15 Minuten weich kochen, dann durch ein Sieb abgießen und dabei etwas vom Sud auffangen. Aus den restlichen Zutaten ein Dressing rühren und die Bohnen damit anmachen.

Für die Basilikumsauce sämtliche Zutaten mischen, kurz pürieren und abschmecken mit Salz und frischem Pfeffer.

VARIANTE

Die Terrine kann auch mit frischen Fave (Saubohnen) gemacht werden, diese müssen dann selbstverständlich nicht eingeweicht werden.

BOHNENTERRINE mit Löwenzahnwurzel-Basilikum-Sauce

MALVE *Althaea rosea*

UTO
Hürlimann
[bü'sci:on]

MALVE *Althaea rosea*

RÄUBER

zürich

MALVE Althaea rosea

FRAUENSÜPPCHEN

**Vorspeise von Frühsommer bis Herbst.
Statt der frischen können auch getrocknete Pflanzen verwendet werden.**

---

1 Zwiebel, fein gehackt
20 g Butter
je 1 Handvoll Hopfenfrüchte, Frauenmantelblätter, Beifußblätter, Schafsgarbenblätter und -blüten
sowie Gänseblümchen, alles klein geschnitten
etwas Peperoncini, gehackt
wenig Reismehl zum Binden
3 EL Noilly Prat
700 ml Gemüsebouillon
100 ml Rahm

Die Zwiebel in der Butter gut andünsten. Die klein geschnittenen Früchte, Blätter und Blüten (bis auf einige, die zum Garnieren beiseitegelegt werden) mitdünsten. Peperoncini dazugeben, alles mit Reismehl bestäuben und mit dem Noilly Prat ablöschen. Die Gemüsebouillon beifügen und alles 15 Minuten kochen lassen, dann pürieren. Mit dem Rahm verfeinern.

HINWEIS

Der Name Frauensuppe kommt daher, dass die verwendeten Pflanzen für den weiblichen Östrogenhaushalt förderlich sind. Sie darf natürlich aber auch Männern serviert werden!

VARIANTEN

Butter und Rahm können für eine vegane Variante gut durch Sonnenblumenöl und etwas mehr Reismehl ersetzt werden. Die Suppe enthält reichlich Bitterstoffe und ist dadurch etwas Geschmackssache. Wer die Bitterstoffe etwas neutralisieren möchte, nimmt weniger Wildkräuter und verwendet stattdessen etwas Mangold oder Spinat.

WILDROSENBLÄTTER-TABOULÉ MIT VANILLETOMATEN

Vorspeise oder Beilage zu Grilladen und auf dem Buffet.

Vanilletomaten

50 ml Olivenöl
4 Knoblauchzehen
1 Vanilleschote
500 g Cherry- oder Datteltomaten
Salz und schwarzer Pfeffer aus der Mühle

Wildrosenblätter-Taboulé

300 ml Gemüsebouillon
50 ml Olivenöl
etwas abgeriebene Schale einer unbehandelten Zitrone
1 EL Rosenwasser
200 g Couscous
1 Tasse Rosenblütenblätter von Wild- oder Zuchtrosen

Für die Vanilletomaten das Olivenöl in eine feuerfeste Form geben. Den Knoblauch schälen und in Scheiben schneiden, die Vanilleschote längs halbieren und beides in die feuerfeste Form geben. Die Tomaten in der Form verteilen und mit Salz und Pfeffer würzen. Im Backofen bei 180 Grad circa 15 Minuten backen.

Für das Taboulé die Gemüsebouillon in einem weiten Topf aufkochen. Olivenöl, Zitronenschale und Rosenwasser dazugeben. Den Topf vom Herd nehmen, den Couscous dazugeben und zugedeckt etwa 5 Minuten ausquellen lassen. Die Rosenblätter unterziehen und das Taboulé mit den Vanilletomaten servieren.

TIPPS

Beide Gerichte können auch separat serviert werden. Das Couscous passt gut zu Ratatouille, zu einer Gemüsepfanne oder aufs Salatbuffet, die Vanilletomaten als Beilage zu kurz gebratenem Fleisch, Meeresfrüchten wie Jakobsmuscheln, auf ein Buffet oder zum Apéro.

ISLÄNDISCH MOOS IN WÜRZIGER GURKEN-KALTSCHALE

Als Vorspeise oder mit Brot und Käse als Hauptgang.

2–3 Nostrano-Gurken oder 1–2 Salatgurken
Salz
Olivenöl zum Dünsten
Fenchel-, Koriander- und Senfsamen
2–3 Knoblauchzehen, fein gehackt
etwas Chilischote, fein gehackt
150 ml Wasser
150 ml Gemüsebouillon
etwas abgeriebene Schale einer unbehandelten Zitrone
200 g Naturjoghurt
1–2 EL Isländisch Moos
etwas Dill

Die Gurken waschen, längs halbieren, entkernen und in Scheiben schneiden. Leicht salzen und 30 Minuten zum Entwässern in ein Sieb legen.

Etwas Olivenöl in eine Pfanne geben und die Fenchel-, Koriander- und Senfsamen darin leicht anrösten, Knoblauch und Chili zugeben und mitrösten. Mit Wasser und Gemüsebouillon ablöschen und aufkochen.

Die Gurkenscheiben (bis auf einige, die zum Garnieren beiseitegelegt werden), Zitronenschale, Joghurt und den Gewürzsud in eine Schüssel geben und alles pürieren. Mindestens 2 Stunden kalt stellen. Die Kaltschale mit den beiseitegelegten Gurkenscheiben, den Blättern des Isländisch Mooses und etwas Dill garnieren.

VARIANTEN

Für Veganer die Samen nach dem Anrösten mit Reismehl bestäuben und mit 350 ml Wasser ablöschen, um die Suppe zu binden.
Ist kein Isländisch Moos verfügbar, geben ein paar Minzeblätter dieselbe Frische.
Die indische Fünf-Gewürze-Mischung Panch Phoron kann für dieses Gericht ebenfalls verwendet werden; es muss gut mit angeröstet werden.

user weiter
50

486
11

GEWÖHNLICHE WEGWARTE *Cichorium intybus*

WILDE MÖHRE *Daucus carota*

LINDENBLÜTEN-GOLDMELISSEN-GELEE MIT AVOCADO-FRUCHT-SALAT

Sommerdessert, kann aber mit Goldmelissensirup und getrockneten Lindenblüten ganzjährig zubereitet werden.

Lindenblüten-Goldmelissen-Gelee

600 ml aromatischer süßlicher Weißwein
(oder 500 ml Weißwein und 100 ml Portwein)
50 ml Goldmelissensirup (hausgemacht oder gekauft)
1 Tasse frische oder ersatzweise getrocknete Lindenblüten
1 gestrichener TL Agar-Agar
etwas Zucker nach Belieben
4 – 8 Lindenblüten

Avocado-Frucht-Salat

100 ml Zitronen- oder Orangensaft
500 – 600 g Früchte der Saison
1 reife Avocado
etwas Zucker nach Belieben

Für das Gelee den Wein aufkochen. Goldmelissensirup, Lindenblüten und Agar-Agar beigeben und 5 Minuten köcheln lassen. Nach Bedarf etwas nachsüßen. Durch ein Sieb in eine Form oder in kleine Förmchen gießen und jeweils 1 – 2 Lindenblüten als Einlage einlegen. 2 – 3 Stunden kalt stellen und fest werden lassen.

Für den Fruchtsalat den Zitronen- oder Orangensaft in eine Schüssel geben. Die Früchte putzen, waschen bzw. bei Bedarf schälen und klein schneiden. Die Avocado halbieren, schälen und das Fruchtfleisch in kleine Würfel schneiden. Früchte und Avocado in die Schüssel geben, vorsichtig mischen und etwa 1 Stunde ziehen lassen – so harmonisieren sich die verschiedenen Geschmacksnoten. Bei Bedarf etwas nachsüssen.

Zum Servieren das Lindenblüten-Goldmelisse-Gelee stürzen und mit dem Fruchtsalat anrichten.

TIPP

Etwas Vanillemark, Ingwer, rosa Pfeffer, frisch geriebene Muskatnuss oder Sternanis als Gewürz geben dem Fruchtsalat noch eine zusätzliche exotische Geschmacksnote.

NIDEL-ZIRBEN-WÄHE MIT BROMBEEREN

Im Spätsommer, wenn überall die Brombeeren reifen. Ohne die Beeren oder mit anderen Früchten ist die Wähe ganzjährig servierbar. Wegen des harzigen Geschmacks des Zirbenschnapses ist sie aber eher für die kühlere Jahreszeit gedacht.

---

200 g oder 1 fertig ausgewallter runder Blätterteig
2 Eier
40 g Zucker
4 EL Zirbenschnaps
100 ml Rahm
250 g Brombeeren
Zucker, Agavendicksaft oder anderes Süßungsmittel nach Belieben

---

Den Blätterteig rund ausrollen und auf dem Backpapier in ein rundes Kuchenblech (25 cm Durchmesser) legen. Den Boden mit einer Gabel mehrmals einstechen. Den Backofen auf 170 Grad vorheizen.

Eier, Zucker und Zirbenschnaps in eine Schüssel geben und mit dem Handrührgerät oder von Hand gute 12 Minuten schlagen, bis eine helle, luftige Masse entstanden ist. Den Rahm am Schluss kurz unterrühren. Den Guss auf den Teigboden geben und die Wähe im vorgeheizten Ofen etwa 35 Minuten goldbraun backen. Damit die Wähe nicht zu dunkel wird, lieber bei etwas geringerer Temperatur beginnen und später höher stellen.

Die Brombeeren waschen, verlesen, trocknen und nach Belieben etwas süßen. Die Brombeeren auf der Wähe verteilen.

VARIANTEN

Der Kuchen kann gut auch ohne Früchte genossen werden oder mit anderen Saisonfrüchten wie Zwetschgen, Schwarzen Johannisbeeren, Preiselbeeren oder Heidelbeeren. Der Zirbenschnaps kann durch dunklen Rum oder Amaretto ersetzt werden.

LAVENDEL-QUARKTORTE SOTTO BOSCO

Dessert. Das Grundrezept kann mit allen Arten von Früchten variiert werden. Die Früchte können entweder mitgebacken oder einfach auf die fertige Torte gelegt werden.

Mürbeteig
200 g Mehl
1 TL Backpulver
75 g Butter
60 g Zucker
1 Vanilleschote, ausgekratztes Mark
etwas abgeriebene Schale einer unbehandelten Zitrone
1 Ei

Füllung
250 g Magerquark
3 Eigelb
100 ml Vollrahm
1–2 EL Reismehl oder Maizena
50 g Zucker
etwas abgeriebene Schale einer unbehandelten Zitrone
1 Vanilleschote, ausgekratztes Mark
1 TL Lavendelblüten

Sotto Bosco
250 g gemischte Beeren, z. B. Brombeeren, Himbeeren, Heidelbeeren, je nach Saison und Angebot
etwas Zucker

Für den Teig Mehl und Backpulver in eine Schüssel sieben und die Butter in kleinen Flöckchen einarbeiten. Zucker, Vanillemark, Zitronenschale und Ei beigeben und gut unterkneten. Den Teig in Folie wickeln und 1 Stunde kalt stellen. Den Teig auswallen. Boden und Rand einer Springform von 26 cm Durchmesser mit dem Teig auskleiden.

Für die Füllung den Magerquark mit Eigelben, Rahm, Reismehl oder Maizena, Zucker, Zitronenschale und Vanillemark gut vermischen. Die Lavendelblüten zugeben und alles auf den Teigboden geben. Im vorgeheizten Backofen bei 180 Grad etwa 45 Minuten backen.

Für das «Sotto Bosco» die Beeren waschen, verlesen und trocknen. Die Beeren leicht zuckern und nach Belieben dazu reichen oder den noch warmen Kuchen damit belegen.

TIPPS

Wer es eilig hat, kann auch einen gekauften süßen Mürbeteig verwenden. Das spart viel Zeit.
Es empfiehlt sich, Quarktorten wenn möglich am Vortag zu backen, sie schneiden sich dann besser und schmecken intensiver.
Zum Belegen eignen sich alle Früchte und Beeren. Zum Mitbacken sind die meisten Beeren weniger zu empfehlen, dafür eignen sich eher Johannisbeeren, Stachelbeeren oder Cassis.

AUFGESETZTER MIT GRÜNEN LÄRCHENZAPFEN

Eine alte Methode, um Likör oder medizinischen Schnaps selbst herzustellen. In Österreich sehr verbreitet, es gibt Tausende von Hausrezepten.

4–5 junge, grüne Lärchenzapfen
30 g brauner Rohrzucker
500 ml Korn, ersatzweise Strohrum oder Wodka

Alle Zutaten in ein großes Einmachglas füllen und zwei Monate an einem hellen Ort stehen lassen. Dann abseihen, in saubere Flaschen abfüllen und fest verschlossen aufbewahren.

VARIANTEN

Würzen mit wenig Gewürznelken, Zimt, Vanillemark, Orangenschale oder Muskatblüten.
Als Zusatz kann man alle Beeren und Früchte, aber auch Kräuter wie Salbei verwenden.

HINWEIS

Bekannte «Aufgesetzte» sind der «Bündner Röteli» aus Kirschen, Nocciolino aus grünen Baumnüssen, Waldmeisterschnaps aus den Blüten des Waldmeisters und viele mehr. Ein selbstgemachter «Aufgesetzter» ist auch ein nettes, ausgefallenes Geschenk. Wer hat schließlich schon mal gegen eine Erkältung einen Thymianlikör angeboten bekommen? Als Medizin wurde Hanfschnaps aus den Blättern des Schlafmohns (und Laudanum aus den Kapseln) hergestellt. Laudanum war bis zum Verbot 1903 das wichtigste Schmerz- und Beruhigungsmittel in Europa. In so gut wie jedem Garten war damals ein Beet mit Schlafmohn bepflanzt.

SOMMER-TAVOLATA

BLÜTENRISOTTO
KÄSE MIT QUITTENPASTE

Dazu passt sehr gut ein Rosé «Œil de Perdrix»
oder ein roter Regent.

1 YVES NUSSBAUM, 2 GWENDOLINE ZURBUCHEN, 3 EWA ROTZLER, 4 CHRISTOPH SCHULER, 5 STEFAN ROTZLER, 6 BORIS PÉRISSET, 7 NILS ANDERSON, 8 ROLF ASCHWANDEN, 9 MAURICE MAGGI, VERDECKT CHRISTINA SZABO UND SONIA CARTONI, 10 ANNA SOMMER, 11 MARTINA NIEVERGELT, 12 ANUSCHKA SCHEIBEL.

Bern Basel
Altstetten
Höngg
60
60

BLÜTENRISOTTO

50 g Butter oder 50 ml Olivenöl
1 Bund Frühlingszwiebeln,
weißer Teil fein gehackt, sowie einige feine Ringe des
grünen Teils zum Garnieren
1 Thymianzweig, Blätter fein gehackt
1 Peperoncini, gehackt
1 Lorbeerblatt
etwas abgeriebene Schale einer unbehandelten Zitrone
320 – 400 g Risottoreis
100 ml Noilly Prat
200 ml Weißwein oder Holunderblütenwein (Rezept Seite 67)
1 l heiße Gemüsebouillon
100 g geriebener Hartkäse oder Mascarpone
Salz und Pfeffer aus der Mühle
Blüten von Holunder, Klee, Ringelblumen, Gänseblümchen,
Lavendel, Malven, Kerbel, Baldrian, Lichtnelken,
Wegwarte, Königskerze, Kapuzinerkresse, Waldmeister
(oder was sonst noch so alles im Juni blüht)
einige Zweige Dill zum Garnieren

In einem weiten Kochtopf die Butter oder das Olivenöl erhitzen und die Frühlingszwiebeln darin andünsten. Thymian, Peperoncini, Lorbeerblatt, Zitronenschale und den Risottoreis zugeben und kurz mitdünsten. Mit Noilly Prat und Weißwein oder Holunderblütenwein ablöschen und den Reis 20 Minuten bei kleiner Hitze köcheln lassen. Dabei die heiße Gemüsebouillon schöpfkellenweise zugeben und unter häufigem Rühren einziehen lassen. Zuletzt den geriebenen Käse oder den Mascarpone unterziehen und den Risotto mit Salz und Pfeffer abschmecken. Unmittelbar vor dem Servieren die Blüten unterziehen und mit dem Dill und den grünen Frühlingszwiebelringen garnieren.

KÄSEPLATTE MIT QUITTENPASTE

100 – 150 g Zürcher Weichei (Zürcher Brie)
100 – 150 g Vriner Geißkäse
Quittenpaste (Rezept Seite 228)

Den Käse aufschneiden, dekorativ auf einer Platte anrichten und mit der Quittenpaste servieren.

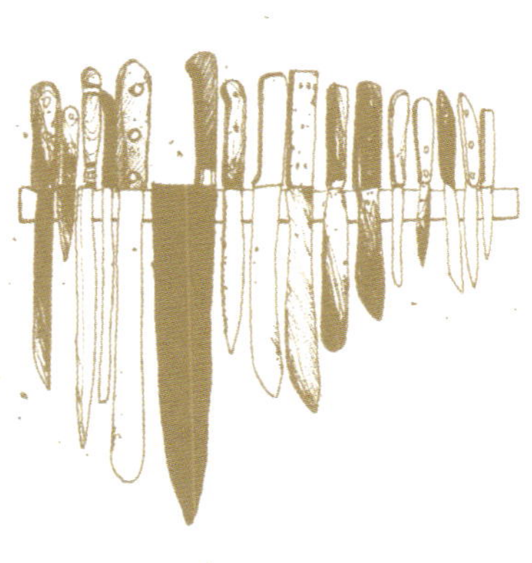

1 3 Bern Basel
Altstetten
Höngg
60

ViTOGAZ

60
60

1 3 Bern Basel
Altstetten
Höngg
60

WILDER FENCHEL

Foeniculum vulgare

STECKBRIEF

Der Wilde Fenchel ist eine zweijährige bis ausdauernde krautige Pflanze, die 40 – 200 Zentimeter hoch wird. Sie blüht im Juli und August gelb. Er ist eine schöne, wohlriechende Nutz- und zugleich auch eine dekorative Zierpflanze, liebt warme und trockene Standorte und ist teils auch verwildert anzutreffen.

VERWENDUNG

Fenchel ist sehr reich an den Mineralstoffen Kalzium, Magnesium, an Folsäure sowie an den Vitaminen C, A und B. Ab dem Frühjahr können die Stängel und die gefiederten Blätter als Gewürz oder intensiv riechendes Gemüse verwendet werden. Als Gewürz ist er vor allem in der mediterranen, orientalischen und asiatischen Küche sehr verbreitet. Die Blüten können als wohlriechende Dekoration oder als Einlage in Kräuteressig genutzt werden. Fencheltee gehört neben Pfefferminz- und Kamillentee zu den meistgeschätzten Kräutertees, vor allem bei Verdauungsstörungen. Am bekanntesten ist die Verwendung der ab September reifenden Samen. Sie sind wegen ihres hohen Anteils an ätherischen Ölen ein bewährtes Volksheilmittel, gelten als Munderfrischer und werden in Indien roh oder im Zuckermantel nach dem Essen gereicht.

WISSENSWERTES

Da Gewürze nach längerer Lagerung Geschmack und Wirkkraft verlieren, ersetze ich sie alle zwei Jahre. Die alten Fenchelsamen streue ich in meiner Umgebung aus. Da sie über Jahre keimfähig bleiben, sichere ich so den Fortbestand der Pflanze.

ISLÄNDISCH MOOS

Cetraria islandica

STECKBRIEF

Anders als der Name vermuten lässt, handelt es sich bei dieser Pflanze nicht um ein Moos, sondern um eine flächenartig wachsende Strauchflechte. Sie ist sehr verbreitet, Vorkommen bis in 2500 Meter Höhe.

VERWENDUNG

Zum Rohessen oder in Salaten. In Island zusammen mit Butter und Milch als «Fjallagrasa-Supa». Enthält viel Vitamin B1, B12, A, Jod und Schleimstoffe. Wirkt appetitanregend, kräftigend und antibakteriell. Wird gegen trockenen Husten oder Reizhusten eingesetzt.

WISSENSWERTES

Modelleisenbahnern ist Isländisch Moos bestens bekannt: In getrockneter Form findet es hier für Sträucher und Büsche Verwendung.

MAJORAN

Origanum majorana

STECKBRIEF

Dieser ursprünglich aus der Türkei stammende, heute aber an milden Standorten auf der ganzen Welt verbreitete Lippenblütler ist eine krautige Pflanze, die 30 – 80 Zentimeter hoch wird. Sie blüht von Juni bis September rötlich bis purpurfarben.

VERWENDUNG

Verwendet werden Blätter und Blüten als Gewürz oder als Teeaufguss. Je nach Boden und Klima verändert der Majoran seinen Geschmack. Das starkwürzige Aroma erinnert etwas an Thymian. Die Pflanze enthält viele ätherische Öle, Gerb- und Bitterstoffe. Sie dient als Heilpflanze bei Magen-Darm-Beschwerden und gegen Husten und hilft beim Verdauen von Fetten. Ein anderer Name des Majorans ist daher – nach dem früher häufigsten Verwendungszweck – auch Wurstkraut.

WISSENSWERTES

In der Antike war der Majoran der Göttin Aphrodite geweiht und wurde als Würze dem Wein beigemischt, um das Liebesverlangen zu wecken und die Liebeskräfte zu steigern. Lässt sich gut und überall aussäen und erfreut Auge und Nase.

WILDE MALVE ODER CHÄSLICHRUT

Malva sylvestris

STECKBRIEF

Die ursprünglich aus Asien stammende Wilde Malve ist inzwischen überall in Europa an sonnigen, trockenen Orten weit verbreitet. Die mehrjährige, krautartige Pflanze wird 40 – 120 Zentimeter hoch und wächst sehr in die Breite. Sie besitzt 2 – 5 Zentimeter große, efeuähnliche, rundlich-herzförmige Blätter, die beidseitig zart behaart sind, mit deutlichen Kerben an den Rändern. Sie blüht von Mai bis Oktober rosa bis blau-violett in Büscheln. Die Wilde Malve ist eine der ältesten Nutz- und Heilpflanzen überhaupt.

VERWENDUNG

Es können die Blätter und Blüten verwendet werden; die jungen Blätter sind leicht schleimig, mit einem milden, angenehmen Geschmack. Sie schmecken herrlich im Salat und eignen sich durch ihre andickende Wirkung zum Binden von Suppen und Saucen. Die Blüten machen sich gut als Dekoration auf salzigen und süßen Speisen, schön auch zum Färben von Tees und Limonaden. Die Früchte enthalten viele Schleimstoffe, aus ihnen wurde früher Kinderbrei gemacht. In der Medizin wird die Pflanze vor allem bei Entzündungen des Magen-Darm-Trakts verwendet, außerdem bei Erkältungen und trockenem Reizhusten; sie ist in jeder Hustenteemischung zu finden. Äußerlich als Wickel zur Wundheilung beliebt.

WISSENSWERTES

Die Pflanze wird zur Farbenherstellung benützt und ist ein höchst empfindlicher Säure-Basen-Indikator: Sie verliert ihre schöne blau-violette Farbe bei saurem Einfluss und wird rotbraun.

WILDE MÖHRE

Daucus carota

STECKBRIEF

Die in Asien, Nordafrika und ganz Europa weit verbreitete Wilde Möhre ist der Vorfahre unserer Zuchtkarotte. Die zweijährige krautige Pflanze liebt trockene Ruderalflächen, wird bis zu 120 Zentimeter hoch und reicht mit langen, weißen Pfahlwurzeln bis 80 Zentimeter tief in die Erde. Sie bildet von Mai bis Juli weiße Blütendolden, die in der Mitte oft eine charakteristische schwarzrot gefärbte sogenannte «Mohrenblüte» aufweisen, die Insekten anlocken soll.

VERWENDUNG

Junge Blätter und Blüten für Salate. Die Wurzel gehört seit der Steinzeit zu dem ältesten kultivierten Gemüse. Sie ist sehr reich an Vitamin A, C, B und Karotin sowie an basischen Mineralstoffen.

WISSENSWERTES

Die Wilde Möhre ist eine wichtige Nektarpflanze für Bienen, Wildbienen und den Schwalbenschwanz-Schmetterling.
Vermutlich ist unsere heutigen Gartenkarotte erstmals im 17. und 18. Jahrhundert in Holland durch Kreuzung aus der Wilden Möhre gezüchtet worden.

FELD-THYMIAN

Thymus pulegioides

STECKBRIEF

Der immergrüne, mehrjährige, stark verzweigte Zwergstrauch, der 10 – 40 Zentimeter hoch wird, ist an warmen, trockenen und sonnigen Standorten bis in 2000 Meter Höhe sehr verbreitet.
Ursprünglich beheimatet in Europa, Afrika und Vorderasien, ist er heute weltweit verbreitet.
Er ist äußerst zäh und anspruchslos und darum eine wahre Pionierpflanze, die auch in der Stadt auf Kiesplätzen, Pflasterbelag oder für die Dachbegrünung zur wilden Aussaat vorzüglich geeignet ist.
Im Alter verholzt er.

VERWENDUNG

Thymian ist neben der Petersilie das meistverwendete Küchenkraut, eine beliebte Basis von Gewürzmischungen und auch als Tee sehr beliebt. Sein Duft ist würzig und intensiv. Es sind sowohl Blätter als auch Blüten verwendbar. Der Echte Thymian zählt zu den wertvollsten Arzneipflanzen bei Erkältungs- und Atemwegskrankheiten, er wirkt schleimlösend und auswurffördernd. Das ätherische Öl regt die Produktion der Verdauungssäfte an; daher hilft Thymian bei der Verdauung schwerer, fettreicher Speisen.

WISSENSWERTES

Thymian ist für Bienen und Schmetterlinge eine der wichtigsten Nektarpflanzen. Ein Hektar Thymian soll bis zu 120 Kilogramm Honig ergeben.
Die Nutzung von Thymian als Arzneipflanze reicht bis weit in die Antike zurück; schon die alten Ägypter nutzten Thymianextrakte bei der Mumifizierung ihrer Verstorbenen, den alten Griechen diente er als Hustenmittel.

WALDSAUERKLEE

Oxalis acetosella

STECKBRIEF

Waldsauerklee wächst auf sauren, lichtarmen Waldböden, vorzugsweise an schattigen und feuchten Plätzen in Misch- und Laubwäldern. Die bis zu 15 Zentimeter hoch wachsende Staudenpflanze hat hellgrüne, lang gestielte, herzförmige dreigeteilte Blätter. Die im Mai und Juni erscheinenden weißen Blüten sind ebenfalls lang gestielt und haben rötliche Adern. Die Pflanze bildet fleischige Rhizome und daran Pfahlwurzeln, über die sich die Pflanze gerne verbreitet.

VERWENDUNG

Die Blätter des Waldsauerklees schmecken – wie es der Name bereits sagt – sehr sauer. Gehackt eignen sie sich als Zugabe oder Gewürz in Salaten, Kräuterquark oder Suppen. Wegen des hohen Oxalsäuregehalts sollten sie jedoch nicht in großen Mengen verzehrt werden.

WISSENSWERTES

Neben der Oxalsäure enthält der Waldsauerklee reichlich Vitamin C und Karotin. Bis um 1900 wurde daraus im Schwarzwald sogenanntes Kleesalz hergestellt, das in Form einer wässrigen Lösung zur Entfernung von Rostflecken aller Art empfohlen wird. Es ist das Standardpoliermittel für Marmor und Naturstein.

GEWÖHNLICHE WEGWARTE

Cichorium intybus

STECKBRIEF

Eine ausdauernde, krautige Pflanze von sehr sparrigem, ästig-verzweigtem Wuchs, die 30 – 150 Zentimeter hoch wird. Sie ist in ganz Europa heimisch und weit verbreitet, inzwischen auch weltweit, und wächst in Weiden, Äckern und auf sonnigen Ruderalflächen bis in Höhen von 1500 Meter. Sie blüht von Juni bis Oktober hellblau, üppig mit 3 – 5 Zentimeter großen Blüten. Auch Mittagsblume genannt, da die Blüten bis zur Mittagsstunde offen sind und sich dann schließen; in städtischem Gebiet kann dieser Rhythmus jedoch durch Lichtemissionen gestört sein.

VERWENDUNG

Die Pflanze schmeckt fein bitter-saftig nach Chicorée, weshalb sie auch den Namen «Grüne Zichorie» erhielt. Sie wird gerne als Salat oder Gemüse verwendet; dafür empfiehlt es sich, sie vorher lange und reichlich zu wässern. Die Wurzelzichorie wurde geröstet dem Bohnenkaffee zugesetzt, um diesem mehr Farbe und Bitterkeit zu verleihen, ab Mitte des 18. Jahrhunderts auch als Kaffee-Ersatz verwendet. Aufgrund ihrer verdauungsfördernden und abführenden Wirkung wurde sie schon seit dem Mittelalter als Heilmittel für Galle, Leber und Milz verwendet.

WISSENSWERTES

Im Mittelalter wurden der Pflanze viele Legenden zugeschrieben; angeblich stärkte sie die Liebeskraft und galt auch als Symbol für Unbesiegbarkeit und Unverletzbarkeit. In Deutschland wurde sie vom 18. Jahrhundert bis zum Zweiten Weltkrieg für die Zichoriengewinnung angebaut.

HERBST

MIT ÜPPIGKEIT UND VIELFALT BESCHENKT,
GENIESSE ICH DIE ERNTEREICHE ZEIT IN VOLLEN
ZÜGEN UND LEGE VORRÄTE AN FÜR DIE ZEIT,
WENN NICHTS FRISCHES MEHR WÄCHST.

SANDDORN-KAROTTEN-CURRY MIT BASMATIREIS UND RANDEN-OKRA

Veganes Gericht. Bis auf den frischen Sanddorn ein ganzjähriges Gericht.

Sanddorn-Karotten-Curry
250 g Karotten
250 g Pfälzer Rüben
Sonnenblumenöl zum Braten
2 Kardamomkapseln
1 Muskatblüte
1 TL Schwarzkümmel
1 großes Stück Ingwer (3 – 4 cm), geraffelt
etwas getrocknete Chili, nach Belieben und gewünschter Schärfe
1 unbehandelte Orange, abgeriebene Schale und Saft
Salz
50 g Sanddornbeeren oder -saft
1 EL Sesamöl
1 Bund Koriander, fein gehackt

Randen-Okra
Sonnenblumenöl zum Braten
je 1 Prise Kümmel-, Koriander- und schwarze Senfsamen
2 Zwiebeln
1 großes Stück frischer Ingwer (3 – 4 cm), fein gehackt
2 Knoblauchzehen, fein gehackt
1 Sternanis
½ Zimtstange
1 Gewürznelke
etwas getrocknete Chilischote
400 g rohe Randen
Salz
1 TL Tamarindenpaste
200 g Okra

250 g Basmatireis

Für das Curry die Karotten und die Pfälzer Rüben schälen und in Stäbchen schneiden. Etwas Sonnenblumenöl in einer Pfanne erhitzen. Kardamom, Muskatblüte und Schwarzkümmel darin anrösten. Die Karotten und Pfälzer Rüben zugeben und mit andünsten. Ingwer, Chili und abgeriebene Orangenschale dazugeben und salzen. Sobald die Karotten und Rüben etwas weicher geworden sind, mit dem Orangensaft ablöschen. Sanddornbeeren oder -saft und das Sesamöl dazugeben und alles 5 Minuten bei kleiner Hitze ziehen lassen.

Für die Randen-Okra etwas Sonnenblumenöl in einer Pfanne erhitzen. Kümmel-, Koriander- und Senfsamen im heißen Öl poppen lassen. Die Zwiebeln halbieren, in Scheiben schneiden und mit dem gehackten Ingwer und Knoblauch in die Bratpfanne geben und gut mit andünsten. Die weiteren Gewürze zugeben.
Die Randen schälen, in Würfel schneiden und mitdünsten, leicht salzen und mit 200 ml Wasser ablöschen. Die Tamarindenpaste zugeben und alles weitere 15 Minuten leicht kochen lassen. Die Okraschoten sowohl längs als auch quer halbieren, in die Bratpfanne geben und nochmals 5 Minuten weiterkochen.
Mit Salz und falls gewünscht getrockneter Chili abschmecken.

375 ml Salzwasser in einem weiten Topf aufkochen. Den Basmatireis beigeben und unter Rühren aufkochen lassen. Dann vom Herd nehmen und 20 Minuten abgedeckt quellen lassen.
Nach 10 Minuten den Reis sorgfältig wenden.

Das Curry mit dem frisch gehackten Koriander bestreuen und mit dem Randen-Okra-Gemüse und dem Basmatireis servieren.

TOMME IM KNUSPERMANTEL MIT WARMEM WIRZ-QUITTEN-SALAT UND HAGEBUTTENSAUCE

Warme Vorspeise, aber auch als Hauptgang möglich. Fast ganzjährig machbar, abgesehen von den frischen Quitten und Hagebutten. Doch beide lassen sich bestens einmachen.

Wirz-Quitten-Salat
1 grüner Wirz, davon die grünen Blätter verwenden
Salz
2 Quitten

Hagebuttensauce
2 EL Apfel- oder Birnenessig
1 Thymianzweig
3 Senfkörner
10 reife Hagebutten
3 EL Rapsöl

Tomme im Knuspermantel
30 g Cornflakes
1 Ei
Salz und Pfeffer aus der Mühle
etwas Reismehl zum Wenden
4 kleine Tomme Vaudoises
Sonnenblumenöl zum Braten

Für den Salat die Wirsingblätter von den Stielen befreien (das macht sie leichter verdaulich) und in feine Streifen schneiden. In Salzwasser 5 Minuten kochen. Die Quitten schälen, entkernen, in feine Schnitze schneiden und 2 Minuten mit dem Wirz mitkochen. Abgießen, dabei den Kochsud auffangen, den Wirz in kaltem Wasser abschrecken und mit den Quitten abtropfen lassen. Beides in eine Schüssel geben.

Für die Hagebuttensauce 200 ml des aufgefangenen Kochsuds mit Apfel- oder Birnenessig, Thymianzweig, Senfkörnern und Hagenbutten in einen Topf geben und aufkochen. 5 Minuten kochen und etwas einreduzieren lassen. Dann pürieren und durch ein Sieb streichen. Das Rapsöl zugeben und gut unterrühren.

Für den Tomme die Cornflakes in ein sauberes Küchentuch gewickelt mit dem Wallholz fein zerkleinern und auf einen Teller geben. Das Ei mit einer Gabel leicht verrühren, mit Salz und Pfeffer würzen und auf einen zweiten Teller geben.
Das Reismehl auf einen dritten Teller geben. Den Käse zuerst im Reismehl, dann im Ei und schließlich in den Cornflakes wenden. In einer kleinen Bratpfanne Sonnenblumenöl erhitzen und den Käse darin beidseitig goldbraun braten. Mit dem Wirz-Quitten-Salat und der Hagebuttensauce anrichten.

VARIANTEN

Anstelle von Cornflakes können auch zerstoßene Haselnüsse, Baumnüsse oder Mandelblättchen verwendet werden. Wenn keine frischen Hagebutten zur Hand sind, durch 2 Esslöffel Hagebuttenkonfitüre ersetzen. Anstelle von Käse kann man auch Scheiben von festem Tofu oder Seitan verwenden. Da die Quittensaison sehr kurz ist, lohnt es sich jedoch, Quittenschnitze einzumachen (siehe Rezept Seite 228).

AUBERGINEN-BRIOCHE MIT KORIANDER-SESAM-TOMATEN

Ein etwas aufwendiges Spätsommergericht, das aber gut am Vortag vorbereitet werden kann. Als Vorspeise oder Hauptgang.

Auberginen-Brioche
250 g Weißmehl
Salz
25 g frische Hefe
200 g Butter, zerlassen
3 Eier
4 Auberginen
Zimtpulver, wilde Fenchelsamen, schwarzer Pfeffer aus der Mühle
Olivenöl zum Bestreichen
1 unbehandelte Zitrone, abgeriebene Schale
150 g Fetakäse, in Würfel geschnitten
Öl für die Förmchen
1 Eigelb zum Bestreichen

Für den Teig das Mehl mit etwas Salz und der frischen Hefe vermengen. Die flüssige Butter und die Eier dazugeben und alles zu einem Teig kneten. Den Teig abgedeckt an einem warmen Ort 30 Minuten gehen lassen, dann 2 Stunden kalt stellen.

Inzwischen die Auberginen längs halbieren und die Schnittflächen leicht salzen. 15 Minuten Wasser ziehen lassen, dann abspülen und abtropfen lassen. Die Schnittflächen der Auberginen mit wenig Zimt, Fenchelsamen und schwarzem Pfeffer würzen. Mit Olivenöl bestreichen, auf ein Backblech geben und im Ofen bei 180 Grad etwa 20 Minuten backen, bis das Fleisch glasig und weich ist. Das Fruchtfleisch mit einem Löffel aus der Schale lösen und in eine Schüssel geben. Etwas von der abgeriebenen Zitronenschale (den Rest für die Tomaten verwenden) und den gewürfelten Feta untermischen.

Den Teig in 5 Teile schneiden und eingeölte Timbaleformen damit auslegen. Die Auberginen-Feta-Füllung einfüllen und in den Teig einpacken. Den Teig erneut 20 Minuten gehen lassen. Mit dem Eigelb bestreichen. Im vorgeheizten Backofen bei 180 Grad circa 25 Minuten backen.

Fortsetzung des Rezepts auf der nächsten Seite

Koriander-Sesam-Tomaten
500 g Fleischtomaten (Berner Rosen oder Ochsenherz)
1 EL Sesamsamen
Sesamöl zum Rösten
Salz und Pfeffer aus der Mühle
1 Bund Koriander
5 Minzeblätter

Inzwischen die Tomaten vom Stielansatz befreien und in dünne Scheiben schneiden. Die Tomatenscheiben auf Tellern dekorativ auslegen. Den Sesam in dem Sesamöl leicht anrösten, mit der restlichen Zitronenschale und etwas Salz vermischen und heiß über die Tomaten verteilen. Mit frisch gemahlenem Pfeffer bestreuen. Koriander und Minze hacken und ebenfalls über die Tomaten geben.

Die heißen Brioches auf dem Salat anrichten und servieren.

VARIANTEN

Anstelle von Feta kann man auch Mozzarella oder einen anderen Käse verwenden. Als Alternative zu frischen Tomaten passt zu den Brioches auch eine warme Tomatensauce; diese zum Schluss mit Koriander, Minze und Zitronensaft abschmecken.
Statt in Timbaleformen kann man die Brioche auch in einer Cakeform backen und dann in Scheiben aufschneiden.

MANGOLDROULADE MIT KÜRBISFÜLLUNG AN MOHNSAUCE

Aufwendig, lässt sich aber gut am Vortag zubereiten.

500 g Mangold
2–3 Zwiebeln, fein gehackt
30 g Butter
2 EL Sherry
30 g Reismehl
150 ml Milch
3 Eier
Salz und schwarzer Pfeffer aus der Mühle
500 g Kürbisfleisch (Butternuss oder Muskat)
Olivenöl zum Dünsten
Cayennepfeffer
frischer Majoran, gehackt
50 ml Weißwein oder Sherry
80 g Gruyère, gerieben

Mohnsauce
2 Zwiebeln, fein gehackt
2 EL Mohnsamen
Sonnenblumenöl zum Andünsten
100 ml Weißwein
Salz und schwarzer Pfeffer aus der Mühle

Den Mangold waschen und fein hacken. 1 fein gehackte Zwiebel in der Butter andünsten, den Mangold dazugeben und mit andünsten. Mit dem Sherry ablöschen und gut rühren, bis der Alkohol verdunstet ist. Mit dem Reismehl bestäuben und binden. Die Milch dazugeben und unter ständigem Rühren aufkochen lassen. Vom Herd nehmen und mit dem Stabmixer nur kurz pürieren, sodass der Mangold noch Struktur hat. Die Eier unterziehen. Mit Salz und Pfeffer würzen.

Ein Backblech mit Backpapier auslegen und die Masse gleichmäßig darauf verteilen. Im Ofen bei 190 Grad etwa 20 Minuten backen. Etwas abkühlen lassen, dann auf ein Backpapier stürzen. Sorgfältig das oben liegende Backpapier von der Masse lösen, damit die restliche Feuchtigkeit verdunstet.

Für die Füllung den Kürbis in Würfel schneiden und mit den restlichen gehackten Zwiebeln in Olivenöl gut andünsten. Mit wenig Salz, Cayennepfeffer und Majoran würzen. Mit dem Weißwein oder Sherry ablöschen und bei kleiner Hitze ziehen lassen, bis der Kürbis etwas zerfällt.

Die Kürbismasse auf der Teigfläche verteilen und mit dem geriebenen Gruyère bestreuen. Den Teig zu einer festen Roulade aufrollen und nach Belieben im Ofen bei 100 Grad erwärmen. Schmeckt aber auch kalt sehr gut.

Für die Sauce die Zwiebeln mit den Mohnsamen im Öl andünsten und mit dem Weißwein ablöschen. Mit Salz und Pfeffer abschmecken. Die Roulade warm oder kalt, in Scheiben geschnitten, auf einem Saucenspiegel anrichten.

VARIANTEN

Der Teig kann mit verschiedenen Gemüsen wie Spinat, Brokkoli oder Lauch angefertigt werden. Je nach Feuchtigkeit des Gemüses eventuell etwas mehr Reismehl verwenden.
Auch die Füllung kann gut variiert werden; schön ist, wenn die beiden Gemüse in Teig und Füllung einen farblichen Kontrast bilden.

WIRZWICKEL MIT KÜRBIS AN WEISSDORNBEERENSAUCE UND SPÄTZLI

Hauptgang für Spätsommer bis Winter. Weißdornbeeren haben eine sehr kurze Saison, eignen sich aber bestens zum Einmachen.

Wirzwickel mit Kürbis

1–2 große Köpfe grüner Wirz
Salz
500 g festes Kürbisfleisch (Muskat)
Olivenöl und/oder Butter zum Andünsten
1 Zwiebel, fein gehackt
3 Knoblauchzehen, gepresst
50 ml Sherry
Paprikapulver, frisch geriebene Muskatnuss, Pfeffer aus der Mühle
Petersilie, Thymian, Majoran, fein gehackt
100 g viertelfetter Alpkäse
100 g Gruyère
300 ml Gemüsebouillon, Apfelwein oder Weißwein oder eine Mischung davon

Spätzli

250 g Marronimehl
250 g Hartweizendunst
3 Eier
200 ml Milch
Salz, Pfeffer aus der Mühle, frisch geriebene Muskatnuss
Raps- oder Sonnenblumenöl zum Beträufeln
Butter zum Braten

Weißdornbeerensauce

1 Zwiebel, fein gehackt
Butter zum Dünsten
100 g reife Weißdornbeeren
3 Pimentkörner, zerdrückt
etwas frischer Thymian, fein gehackt
200 ml Weißwein
200 ml Rahm
Salz und Pfeffer aus der Mühle

VARIANTE

Schmeckt wunderbar auch mit Nusssauce (Rezept Seite 211) oder Mohnsauce (Seite 184). Statt einer Rahmsauce kann auch eine klare, mit wenig Reismehl gebundene Sauce aus Apfelwein dazu serviert werden.

Für die Wirzwickel 12 große schöne Wirzblätter vom Stiel befreien und 3 Minuten in siedendem Salzwasser blanchieren. Herausnehmen und in kaltem Wasser abschrecken; so bleibt die satte grüne Farbe erhalten. Dann abtropfen lassen.

Den Kürbis in Würfel schneiden und in einer Bratpfanne in Olivenöl oder in einer Öl-Butter-Mischung andünsten. Zwiebel und Knoblauch beigeben und mitdünsten, mit Sherry ablöschen.
Mit Paprikapulver, Muskat und Pfeffer würzen, dann die gehackten Kräuter dazugeben. Den Alpkäse und den Gruyère in kleine Würfel schneiden, dazugeben und alles gut vermischen.

Die Masse auf die blanchierten Wirzblätter geben und diese zu festen Wickeln aufrollen. Die Wirzwickel in eine ofenfeste Form geben, mit Gemüsebouillon, Apfelwein oder Weißwein bis zur Hälfte bedecken und im vorgeheizten Ofen bei 180 Grad etwa 15 Minuten backen.

Für die Spätzli das Marronimehl und den Hartweizendunst in eine Schüssel geben. Eier und Milch verrühren, zu der Mehlmischung in die Schüssel geben, mit Salz, Pfeffer und Muskat würzen und alles zu einem weichen Teig verarbeiten. In einem großen Topf Wasser aufkochen. Den Teig durch die Spätzlipresse in das siedende Wasser drücken.
Sobald die Spätzli an die Oberfläche steigen, herausnehmen, abkühlen lassen und mit Öl beträufeln, damit sie nicht zusammenkleben. Kurz vor dem Servieren in etwas Butter goldbraun braten und salzen.

Für die Sauce die Zwiebel gut in Butter andünsten. Die Weißdornbeeren dazugeben und glasig dünsten. Die zerdrückten Pimentkörner und Thymian zugeben. Mit dem Weißwein aufgießen und 8 Minuten kochen lassen, dann die Sauce mit dem Stabmixer pürieren und durch ein Haarsieb streichen. Den Rahm dazugeben und erneut kurz aufkochen. Mit Salz und Pfeffer abschmecken.

TIPP

Der herb-süße Geschmack der Weißdornsauce passt vorzüglich zu Wild und wildem Geflügel.

CHILI- ODER GEWÜRZSALZE

Je nach Erntezeit der Chilis. Lassen sich gut lagern.

3–5 rote, gelbe oder grüne Chilischoten
100 g grobes Meersalz

Die Chilischoten entkernen, waschen und fein schneiden. Im Mörser mit dem Meersalz gut vermengen. Je nach dem Wassergehalt der Schoten noch so viel Salz hinzufügen, bis die Masse wieder körnig wird.

VARIANTEN

Es gibt unendliche Möglichkeiten und Spielereien von hauseigenen Salzmischungen:

Gewürzsalz für Fisch- und Eiergerichte: etwas Zitronenschale, Fenchelsamen, Dill, Thymian und gelbe Chilischote. Für Fleischgerichte: rote Chilischote, Rosmarin, Majoran, Thymian und wenig Estragon. Die Kräuter fein hacken. In kleine Gläser abgefüllt, ein wunderbares Gastgeschenke für passionierte Köchinnen und Gourmets.

ROTE
chili

HOLUNDER *Sambucus nigra*

HECKENROSE Rosa canina

SCHWARZDORN *Prunus spinosa*

SANDDORN *Hippophae rhamnoides*

GESCHMORTE RANDEN MIT ORANGEN UND SANDDORN

Vorspeise im Herbst und Winter oder als Farbtupfer auf einem Buffet.

2–3 rote Randen (Rote Beten; gewöhnliche rote oder Chioggia)
2 unbehandelte Orangen
grobes Meersalz
Pimentkörner, zerstoßen
etwas Schwarzkümmel
2 EL milder Apfelessig
1 EL Sanddornbeeren oder -saft
3 EL Rapsöl
Pfeffer aus der Mühle
etwas Schnittlauch, in Röllchen geschnitten, zum Garnieren

Die Randen schälen und in 1 cm dicke Scheiben schneiden. Die Schale von 1 Orange fein abreiben. Beide Orangen sorgfältig filetieren. Die Randenscheiben auf Alufolie legen und mit Meersalz, Pimentkörnern, Orangenschale, Schwarzkümmel und dem Apfelessig marinieren. Die Folie über den Randenscheiben gut verschließen und die Randen im Ofen bei 160 Grad etwa 20 Minuten schmoren.

Die Randen dekorativ auf Tellern auslegen. Die Orangenfilets und Sanddornbeeren oder -saft darauf verteilen. Mit dem Rapsöl beträufeln, mit Salz und Pfeffer abschmecken und mit Schnittlauchröllchen bestreut servieren.

GEBRATENE EIERSCHWÄMMCHEN AUF ROTKRAUT MIT HOLUNDERBEEREN UND SERVIETTENKNÖDELN

Serviettenknödel
250 g altbackenes Weißbrot
etwas Butter zum Rösten plus 50 g zerlassene Butter
3 Eier
200 ml Milch
Salz, frisch geriebene Muskatnuss
1 Zweig Estragon oder Petersilie, fein geschnitten
Öl zum Bepinseln

Eierschwämmchen
400 g Eierschwämmchen, sorgfältig geputzt
1 Thymianzweig, fein gehackt
Butter zum Braten
Salz und Pfeffer aus der Mühle

Für die Serviettenknödel das Weißbrot in Würfel schneiden und mit etwas Butter im Ofen rösten. In eine Schüssel geben und mit der zerlassenen Butter übergießen. Die Eier trennen. Die Milch mit den Eigelben verrühren, mit Salz und Muskat würzen. Den Estragon oder die Petersilie dazugeben und alles mit den eingeweichten Brotwürfeln zu einer Masse kneten. 30 Minuten ziehen lassen. Die Eiweiße steif schlagen und sorgfältig unter die Knödelmasse heben. Eine Stoffserviette oder ein sauberes Küchentuch mit Öl bepinseln und die Masse, zu einer Wurst geformt, darin einwickeln. Beide Enden mit Schnur satt zubinden und die Rolle 35 Minuten in Salzwasser sieden lassen.

Die Eierschwämme mit dem Thymian in Butter kurz anbraten. Erst am Schluss mit Salz und Pfeffer würzen, damit die Pilze nicht Wasser ziehen und schwammig werden.

Die Knödelrolle in Scheiben schneiden und mit dem Rotkraut und den gebratenen Eierschwämmen anrichten.

Fortsetzung des Rezepts auf der nächsten Seite

Rotkraut mit Holunderbeeren

2 mittelgroße Zwiebeln, fein gehackt
50 g Butter
1 mittelgroßer Kopf Rotkohl (ca. 800 g), fein gehobelt oder geschnitten
1 Zimtstange
1 Sternanis
4 Pimentkörner, zerdrückt
50 ml Rotweinessig
1 EL Risottoreis
Salz
150 g frische Holunderbeeren oder 2 EL Holundergelee
Gemüsebouillonpulver zum Abschmecken, nach Belieben

Für das Rotkraut die Zwiebeln in der Butter andünsten. Den Rotkohl zugeben und mitdünsten. Zimtstange, Sternanis und Pimentkörner dazugeben und alles mit dem Rotweinessig und 400 ml Wasser ablöschen. Den Reis beifügen, etwas salzen und das Kraut etwa 1 Stunde weich kochen. Der Reis bricht die Säure und bindet das Rotkraut schön. In den letzten 10 Minuten Holunderbeeren oder -gelee mitkochen. Mit Salz oder etwas Gemüsebouillonpulver abschmecken.

TIPPS

Serviettenknödel lieben viel Sauce, um sich vollsaugen zu können. Für dieses Gericht eignen sich alle wilden oder Zuchtpilze.

VARIANTEN

Dem Rotkraut können anstelle der Holunderbeeren auch Preiselbeeren oder frische bzw. gefrorene Waldbeeren zugegeben werden. Dies bricht die Säure etwas und aromatisiert das Rotkraut herrlich. Wer Zeit und Geduld hat, legt das gehobelte oder geschnittene Rotkraut 3 – 5 Tage mit den Beeren und Gewürzen in Essig ein.
Die Beize verstärkt die Aromen und rundet sie schön ab.

ALTI-MANNE-SUPPE

Suppe von zweierlei Sellerie mit Kornelkirschen-Grießknödeln
Warme Vorspeise oder Hauptgang, das Grundrezept ist ganzjährig möglich.

Suppe
1 Zwiebel, gehackt
1 Knoblauchzehe, gehackt
1 Knollensellerie, geschält, in Würfel geschnitten
etwas Butter oder Sonnenblumenöl zum Dünsten
2 mehligkochende Kartoffeln
50 ml Sherry
1 l Gemüsebouillon
1 Lorbeerblatt
einige Muskatblüten
100 ml Rahm
Salz
2 Selleriestangen
schwarzer Pfeffer aus der Mühle
frischer Majoran, fein gehackt

Grießknödel
Salz
50 g Hartweizengrieß
1 Ei
1 EL fein geriebener Gruyère
2 – 3 Kornelkirschen, entkernt und gehackt
3 rosa Pfefferkörner, zerstoßen
1 EL Kürbiskernöl

Für die Suppe Zwiebel, Knoblauch und Knollensellerie in Butter oder Sonnenblumenöl dünsten und glasig werden lassen. Die Kartoffeln schälen, würfeln und dazugeben. Mit Sherry und Gemüsebouillon ablöschen. Das Lorbeerblatt und einige Muskatblüten beigeben und alles 30 Minuten kochen, dann mit dem Stabmixer pürieren. Den Rahm dazugeben und die Suppe mit Salz abschmecken. Warm stellen.

Den Stangensellerie fein würfeln und in einer Bratpfanne in Butter oder Sonnenblumenöl anbraten. Am Schluss mit Salz, Pfeffer und gehacktem Majoran würzen und als Einlage in die Suppe geben.

Für die Knödel 1½ Liter leicht gesalzenes Wasser aufkochen und den Grieß darin 3 – 5 Minuten weich kochen. Abgießen, etwas auskühlen lassen und in eine Schüssel geben. Das Ei und den geriebenen Käse unterziehen. Zum Schluss die gehackten Kornelkirschen, die rosa Pfefferkörner und das Kürbiskernöl einarbeiten.

Salzwasser aufsetzen. Mit zwei Löffeln aus der Grießmasse pflaumengroße Knödel formen und diese ins kochende Wasser geben. Wenn die Knödel an die Oberfläche steigen, herausheben. In jede Suppentasse 2 – 3 Knödel geben, mit der Suppe übergießen und servieren.

VARIANTEN

Vor dem Anrichten 5 Safranfäden in die Suppe geben. Anstelle von Kornelkirschen getrocknete Cranberries verwenden. Wer den Rahm weglassen will, verwendet 1 Kartoffel mehr zum Binden.
Wer die süßlichen Beeren in der Suppe nicht mag, ersetzt sie durch geröstete und gehackte Kürbiskerne. Eine leichtere Variante ist, die Suppe ohne Grießknödel zu servieren; dann mit Kürbiskernen und Kürbiskernöl garnieren.

HINWEIS

Das Rezept heißt Alti-Manne-Suppe, weil die Inhaltsstoffe der männlichen Gesundheit dienen.

BERBERITZEN-MALFATTI MIT GEMÜSE

Hauptgang oder warme Vorspeise. Mit entsprechend gewähltem Gemüse ist das Grundrezept ganzjährig anwendbar.

Malfatti
500 g Ricotta
frische Kräuter, z. B. Petersilie, Salbei, Rosmarin, Thymian, Kerbel, Estragon, frisch gehackt
30 g Parmesan, frisch gerieben
1 Eigelb
1 EL Berberitzenbeeren, gehackt
Salz und Pfeffer aus der Mühle
50 g Hartweizengrieß oder -dunst

800 g Gemüse nach Wahl, z. B. Karotten, Pfälzer Rüben, Lauch, Kohlrabi, Wirsing, Knollensellerie
Olivenöl zum Dünsten
etwas Noilly Prat
1 Handvoll Pinienkerne

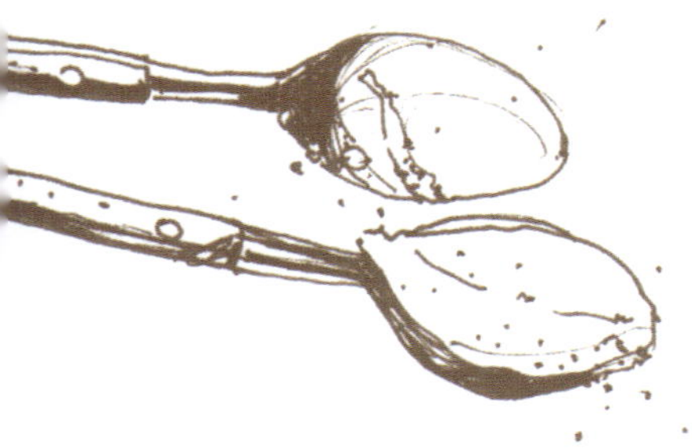

Für die Malfatti den Ricotta in eine Schüssel geben. Die frisch gehackten Kräuter, Parmesan, Eigelb und die gehackten Berberitzen dazugeben. Alles gut vermischen und mit Salz und Pfeffer abschmecken. Den Hartweizengrieß oder -dunst portionenweise untermischen, bis je nach Feuchtigkeit des Ricotta die Masse leicht bindet. 30 Minuten kühl stellen.

In der Zwischenzeit für das Gemüsebett das Gemüse putzen, bei Bedarf schälen und in dicke Streifen schneiden. In Olivenöl andünsten, mit Salz und Pfeffer würzen und mit etwas Noilly Prat ablöschen. Die Pinienkerne in einer Bratpfanne ohne Fett anrösten.

In einem weiten Topf Salzwasser zum Sieden bringen. Aus der Ricottamasse mit zwei Esslöffeln oder von Hand pflaumengroße Malfatti formen und diese ins siedende Wasser geben. Sobald sie an die Oberfläche steigen, nach 1 Minute mit einer Lochkelle abschöpfen und abtropfen lassen.

Die Malfatti mit dem Gemüse anrichten und mit den gerösteten Pinienkernen bestreuen.

TIPP

Es lohnt sich, von den Malfatti erst eine Probe zu kochen. Bei zu wenig Grieß oder zu viel Wasser zerfallen sie gerne.

VARIANTEN

Die Malfatti können je nach Saison und Angebot mit allen Gemüsen oder Wildkräutern hergestellt werden. Je nach Wassergehalt des Gemüses mehr Grieß beigeben. Hartes Gemüse wie Karotten oder Kürbis fein raffeln und andünsten, Blattgemüse fein hacken und kurz andünsten, den Saft abgießen und erst dann in die Masse einarbeiten.
Das Gemüsebett kann beliebig der Saison entsprechend variiert werden. Ich achte darauf, dass ein farblicher oder geschmacklicher Kontrast zwischen den einzelnen Sorten besteht.

ZIEGENFRISCHKÄSE-RONDINI MIT NUSSSAUCE UND SCHWARZKÜMMEL-OFENKARTOFFELN

Hauptgang oder warme Vorspeise. Rondini haben von Spätsommer bis November Saison.

Ofenkartoffeln mit Schwarzkümmel
800 g festkochende Kartoffeln, gründlich gewaschen und gebürstet
Sonnenblumenöl zum Bepinseln
grobes Meersalz und Schwarzkümmel zum Bestreuen

Rondini
4 Rondini (runde kleine Kürbissorte)
Salz
200 g Ziegenfrischkäse
etwas Nuss- oder Olivenöl
1 Handvoll Kornelkirschen
Pfeffer aus der Mühle

Nusssauce
100 g Baumnüsse, gehackt
Butter zum Rösten
1 Zwiebel, fein gehackt
200 ml Milch
etwas Thymian und Majoran, fein gehackt
200 ml Rahm

Die Kartoffeln halbieren, auf ein Backblech legen und mit Öl bepinseln. Mit Meersalz und Schwarzkümmel bestreuen und im Ofen bei 180 Grad 30 – 40 Minuten backen.

Die Rondini halbieren und entkernen. 10 Minuten in kochendem Salzwasser garen, abgießen, gut abtropfen lassen und in eine Gratinform legen. Den Ziegenkäse mit einer Gabel zerdrücken und mit etwas Nuss- oder Olivenöl verfeinern. Die Kornelkirschen entkernen, fein hacken und unter die Käsemasse ziehen. Mit Pfeffer würzen. Die Rondini mit der Käsemasse füllen und im vorgeheizten Ofen bei 160 Grad etwa 10 Minuten überbacken. Da bereits Kartoffeln bei 180 Grad im Ofen, braucht es 2 Öfen oder man backt nacheinander.

Für die Nusssauce die gehackten Baumnüsse in etwas Butter rösten, dann die Zwiebel zugeben und mitdünsten. Die Milch dazugießen und 10 Minuten kochen. Nach Belieben pürieren. Mit Thymian, Majoran und dem Rahm verfeinern.

Die gefüllten Rondini mit der Nusssauce und den Ofenkartoffeln anrichten.

TIPP
Rondini sind ab August bis Winteranfang im Gemüsefachhandel oder auf dem Markt erhältlich. Sie eignen sich bestens zum Füllen, beispielsweise auch mit Reis oder Fleisch, lassen sich schön anrichten und sind so auch optisch attraktiv.

VARIANTEN
Anstelle von Ziegenkäse Ricotta verwenden, diesen aber mit etwas geriebenem Parmesan würzen. Bei Großverteilern (im Supermarkt) sind Rondini selten erhältlich, Ersatzweise in Scheiben geschnittenen Kürbis, am besten der Sorte Butternuss, oder halbierte Zucchini verwenden. Kornelkirschen können durch getrocknete Aroniabeeren, Cranberries oder Sauerkirschen ersetzt werden. Diese sind alle im Fachhandel erhältlich.

doka
KV-FÄSCHT
TACABRO
LUCENZO
KV ZÜRICH BUSINESS SCHOOL
AMO
PAMO
PAMO
PAMO
PAMO

KORNELKIRSCHE *Cornus mas*

WEISSDORN *Crataegus monogyna*

EIBE *Taxus baccata*

GEWÖHNLICHE BERBERITZE *Berberis vulgaris*

MOHN-PANNACOTTA MIT EIBENBEEREN

Vom Spätsommer bis zu den ersten Frösten. Dieses Rezept kann ganzjährig mit allen Saisonfrüchten zubereitet werden.

---

1 EL Mohnsamen
400 ml Vollrahm
40 g Zucker
⅓ TL Agar-Agar
etwas abgeriebene Schale einer unbehandelten Zitrone
1 Vanilleschote, längs halbiert
180 g Sauerrahm
200 g frisch gesammelte Eibenbeeren

Die Mohnsamen in einer kleinen Pfanne leicht rösten, dann in eine Schüssel geben.

Rahm, Zucker, Agar-Agar, Zitronenschale und Vanilleschote in einen Topf geben, aufkochen und 5 Minuten bei kleiner Hitze köcheln lassen. Vom Herd nehmen und etwas abkühlen lassen, dann durch ein Sieb streichen.

Den Sauerrahm zum gerösteten Mohn geben, die durchgesiebte Rahmmischung beifügen und die Masse in kleine Förmchen abfüllen. Mindestens 3 Stunden kalt stellen und fest werden lassen.

Die Eibenbeeren durch ein Haarsieb streichen. Vorsicht: Die schwarzen Kerne sind giftig und sollten nicht verletzt werden!

Die Pannacotta auf Teller stürzen und mit der Eibenbeerensauce garnieren.

VARIANTEN

Die Pannacotta kann auch ohne Mohnsamen, dafür zum Beispiel mit 4 zerstoßenen Amaretti-Keksen oder 1 Esslöffel gemahlenen Pistazien sowie etwas Fliederblüten oder Lavendel zubereitet werden.
Klassisch wird Pannacotta mit Amaretto serviert.

KOKOSMILCH-FLAN MIT GALGANT UND ZITRONENGRAS AUF BERBERITZEN

Veganes Dessert, ganzjährig auch mit anderen Saisonfrüchten zu servieren.

---

500 ml Kokosmilch
1 Stängel Zitronengras
1 Stück Galgant (ca. 5 cm), in Scheiben geschnitten
3 EL brauner Zucker
1 Vanilleschote, längs halbiert
½ TL Agar-Agar
1 EL Berberitzenbeeren
1 EL dunkler Rum
3 Orangen

Die Kokosmilch mit dem längs halbierten oder zerquetschten Zitronengrasstängel und dem Galgant aufkochen. Mindestens 2 – 3 Stunden ziehen lassen, am besten über Nacht. Am nächsten Tag mit dem braunen Zucker, der Vanilleschote und dem Agar-Agar nochmals aufkochen und 3 Minuten kochen lassen. Dann durch ein Sieb in Förmchen abgießen. 3 Stunden auskühlen und fest werden lassen.

Die Berberitzen mit dem Rum marinieren. Die Orangen filetieren, zu den Berberitzen geben und bei Zimmertemperatur 1 Stunde ziehen lassen.

Die Flans aus den Förmchen stürzen und mit den Berberitzen und Orangenfilets garnieren.

TIPP
Die Flans sind gekühlt gut sieben Tage haltbar und können gut im Voraus zubereitet werden.

VARIANTEN
Anstelle von Orangenfilets gelbe und rosa Grapefruitfilets oder Mandarinen oder Kumquats verwenden. Galgant kann durch Ingwer ersetzt werden, der wegen seiner Intensität allerdings sparsamer zu dosieren ist. Wer eine etwas gröbere Konsistenz und etwas Biss mag, kann 1 Esslöffel Kokosspäne in die Flanmasse geben.

HONIGKUCHEN MIT SCHWARZDORNKOMPOTT

Dessert, ganzjährig möglich, aber da es sehr nahrhaft ist, eher für kühlere Jahreszeiten geeignet.

Honigkuchen
125 ml Milch
100 g Butter
250 g Honig
150 g Farina Bona oder Ruchmehl

Schwarzdornkompott
100 – 150 g Schwarzdornfrüchte
200 ml Wasser
2 EL Zucker
½ Vanilleschote

Für den Honigkuchen die Milch in einem großen Topf erwärmen und die Butter darin schmelzen. Den Topf vom Herd nehmen. Den Honig einrühren, das Mehl in den Topf sieben und alles bei kleiner Hitze 10 Minuten zu einem geschmeidigen Teig rühren. Den Boden einer kleinen Springform (18 cm Durchmesser) mit Backpapier auslegen. Den Teig in die Form geben und gleichmäßig verstreichen. Im vorgeheizten Ofen bei 160 Grad etwa 35 Minuten backen.

Die Schwarzdornfrüchte halbieren und entsteinen (alternativ können auch die ganzen Früchte verwendet werden). Das Wasser mit dem Zucker und der Vanilleschote aufkochen. Die Schwarzdornfrüchte kurz darin mitkochen, dann durch ein Haarsieb streichen.

Den Kuchen aus dem Ofen nehmen, abkühlen lassen und mit dem Schwarzdornkompott servieren.

TIPP

Farina Bona ist ein glutenfreies, geröstetes Maismehl mit nussigem Geschmack. Alternativ kann auch Ruchmehl verwendet werden. Der Kuchen hält sich gut eingepackt circa zwei Wochen.

VARIANTE

Da der Kuchen intensiv süß ist, passt dazu etwas eher Saures, beispielsweise ein Kompott aus Sauerkirschen, Aprikosen oder Zitrusfrüchten. Aber auch ein Sorbet von Zitronen, Limetten, Salbei oder Lavendel eignet sich als Beilage.

QUITTENPASTE

2 kg Quitten
abgeriebene Schale einer unbehandelten Zitrone
600 – 800 g Zucker

Die Quitten schälen, entkernen und in kleine Stücke schneiden. In einen Topf mit schwerem Boden geben und mit Wasser bedecken. Den Zitronenabrieb zugeben und alles 30 Minuten abgedeckt köcheln lassen. Mit dem Stabmixer fein pürieren.

Die Masse abwiegen und pro 500 Gramm maximal die Hälfte Zucker beigeben. Die Masse unter ständigem Rühren bei kleiner Hitze einkochen lassen, bis sie rötlichbraun und zähflüssig ist; je nach verwendeter Sorte dauert dies bis zu 1 Stunde. Die zähe Masse 2 – 3 cm dick auf ein mit Backpapier ausgelegtes Blech streichen und im Backofen bei 60 Grad etwa 1 Stunde trocknen lassen.

TIPPS

Die Paste kann gekühlt entweder geschnitten oder im Ganzen gelagert werden. Man kann aus der erstarrten Paste auch mit einem Ausstecher Formen ausstechen und diese als Nascherei an den Weihnachtsbaum hängen.

VARIANTEN

Nach Belieben den ersten Sud mit Sternanis, Kardamom und/oder Vanillemark würzen. Anstelle der Zitronen- kann auch Orangenschale verwendet werden.

QUITTENSCHNITZE

1 kg Quitten
1 Zitrone, Saft
200 g Zucker
1 Vanilleschote, längs halbiert
2 Lorbeerblätter

Die Quitten schälen, entkernen, vierteln und in dünne Schnitze schneiden. Die Schalen und Kerngehäuse aufheben. Die Quittenschnitze in Zitronenwasser legen, damit sie schön weiß bleiben und nicht anlaufen.

1 Liter Wasser aufsetzen. Zucker, Vanilleschote, Lorbeerblätter und die Schalen und Kerngehäuse der Quitten beigeben. Den Sud 20 Minuten sieden lassen, dann durch ein Sieb abgießen und wieder zurück in den Topf geben.

Die Quittenschnitze abgießen, zum Sud in den Topf geben und nochmals 3 Minuten aufkochen. In sterile, heiß ausgespülte Gläser abfüllen und fest verschließen. Sind gut 1–2 Jahre haltbar

VARIANTEN

Da die Quittensaison sehr kurz ist, lohnt es sich jedoch, Quittenschnitze einzumachen. Diese sind vielseitig verwendbar, sehr gut zum Beispiel für Lammgerichte, Currys oder überall dort, wo sonst Apfelmus gereicht wird.

CŒURS DE FRANCE MIT ARONIABEEREN-MASCARPONE

Ein Dessert, das ganzjährig serviert werden kann.

---

50 g Aroniabeeren (Apfelbeeren)
1 EL dunkler Rum
3 EL Zucker plus etwas zum Bestreuen
500 g Mascarpone, ersatzweise Quark oder Frischkäse (Philadelphia)
1 fertiger rechteckig ausgewallter Blätterteig (ca 320g)
20 g Butter
Mark von 1 Vanilleschote
50 g Zucker

Die Aroniabeeren in wenig Wasser und Rum 2 Stunden einweichen. Dann mit dem Zucker 2 – 3 Minuten aufkochen. Das noch warme Kompott mit dem Mascarpone mischen, abkühlen lassen und anschließend 2 Stunden kühl stellen.

Den Blätterteig rechteckig auswallen. Die Butter mit dem Vanillemark in einem kleinen Topf schmelzen lassen und den Teig damit bestreichen. Mit wenig Zucker bestreuen und den Teig von beiden Längsseiten dreimal zur Mitte falten. Dann 30 Minuten kalt stellen.

Ein Blech mit Backpapier auslegen. Die Teigrolle in 1 cm dicke Scheiben schneiden und mit reichlich Abstand auf das Blech legen. Nochmals mit etwas Zucker bestreuen und im vorgeheizten Ofen bei 190 Grad 6 – 8 Minuten backen, bis der Zucker karamellisiert. Herausnehmen, wenden, die andere Seite mit Zucker bestreuen und nochmals 6 – 8 Minuten backen. Aus dem Ofen nehmen, abkühlen lassen und mit dem Aroniabeeren-Mascarpone servieren.

TIPP

Aroniabeeren sind auch getrocknet im Fachhandel erhältlich, dann vor der Verwendung nur in Rum einlegen und nicht mehr kochen.

VARIANTEN

Anstelle von Aroniabeeren können auch Cranberries, Holunderbeerengelee oder -saft verwendet werden. Auch herrlich erfrischend: 50 g Puderzucker mit Schale und Saft einer unbehandelten Zitrone mischen und unter den Mascarpone ziehen.

GRIESSKÖPFCHEN MIT ZWEIERLEI HOLUNDER

Dessert für Spätsommer bis Winter.

Holunderblütengelee
50 ml Wasser
50 ml Holunderblütensirup
¼ TL Agar-Agar

Grießköpfchen
300 ml Milch
10 g Butter
50 ml Holunderblütensirup
wenig abgeriebene Schale einer unbehandelten Zitrone
30 g weißer Mais- (Bianco Perla) oder Hartweizengrieß
200 g Sauerrahm

300 g Holunderbeeren
1 Vanilleschote, längs halbiert
70 g Zucker

Für das Gelee das Wasser mit dem Holunderblütensirup und dem Agar-Agar aufkochen. Dann vorsichtig und langsam vorgekühlte Förmchen damit auskleiden, sodass Rand und Boden mit einer dünnen Schicht Gelee bedeckt sind. Kühl stellen.

Für die Grießköpfchen die Milch mit der Butter erwärmen. Den Holunderblütensirup mit dem Zitronenabrieb und dem Mais- oder Hartweizengrieß aufkochen und 5 Minuten unter ständigem Rühren bei kleiner Hitze kochen lassen. Vom Herd nehmen und handwarm abkühlen lassen. Den Sauerrahm unterziehen. Die Masse in die vorbereiteten Förmchen auf das Holundergelee geben und 2 Stunden auskühlen lassen, dann stürzen.

Die Holunderbeeren mit der Vanilleschote und dem Zucker in ½ l Wasser 15 Minuten kochen.
Dann durch ein Haarsieb streichen. Mit dem warmen Saft auf vorgekühlten Tellern einen Spiegel gießen und die gestürzten Grießköpfchen darauf anrichten.

VARIANTEN
Die Sauce mit ganzen Holunderbeeren servieren.
Natürlich kann der Fruchtspiegel auch aus anderen Früchten oder Beeren hergestellt werden und das Dessert somit zu jeder Jahreszeit serviert werden.

HERBST-TAVOLATA

CEVICHE AUS ZÜRICHSEE-FELCHEN
AUF FENCHEL-ALGEN-SALAT

TAUBEN AUF WEICHSELN
MIT HOLUNDERBEERENSAUCE

Dazu passt ein lokales Bier, ein Grauburgunder
oder ein Tessiner Merlot

1 LENNY SCHAICH, 2 MAYO IRION, 3 DORIAN RODIS, 4 MELODY GYGAX,
5 MAURICE MAGGI, 6 JULIA BRÜTSCH, 7 (REGULA) DENISE WITSCH, 8 ALOIS JAUCH,
9 VERO STEHLIK, 10 MARIE JEGER, 11 HAUSABWART TEFIK ASANI

KOLA

CEVICHE AUS ZÜRICHSEE-FELCHEN AUF FENCHEL-ALGEN-SALAT

Bei dieser Methode geschieht das Garen ohne Hitze; die Säure bewirkt beim Eiweiß dieselbe Denaturierung wie der Kochvorgang.

Ceviche

3 Limetten, Saft
1 unbehandelte Zitrone, Saft und abgeriebene Schale
etwas frischer Ingwer
etwas rote Peperoncini, fein geschnitten
Meersalz
300 g fangfrische Felchen oder anderes Seefischfilet
1 Bund Koriander, Blättchen abgezupft und fein gehackt
Olivenöl zum Beträufeln

Fenchel-Algen-Salat

1 Handvoll Arame-Algen
3 Fenchelknollen
2 unbehandelte Zitronen, abgeriebene Schale und Saft
Meersalz
etwas rote Peperoncini, fein geschnitten
1 Dillzweig, fein gehackt
3 EL Olivenöl

Für das Ceviche Limettensaft, Zitronensaft und abgeriebene Zitronenschale in einen flachen Behälter geben. Den Ingwer dazuraffeln, die Peperoncini dazugeben und mit Meersalz würzen. Die Felchen in Streifen schneiden und in der Saftmischung 2 – 3 Stunden im Kühlschrank marinieren.

Für den Fenchel-Algen-Salat die Algen in Wasser 8 Minuten kochen, dann abgießen und mit kaltem Wasser abschrecken. Den Fenchel fein schneiden. Zitronensaft und -schale, Meersalz, Peperoncini, Dill und Olivenöl zu einer Sauce verrühren und den Fenchel darin 1 – 2 Stunden einlegen. Dies macht ihn weich und bekömmlich.

Die Felchen aus der Marinade nehmen. Den Salat mit den Felchen belegen, diese mit Korianderblättern und Olivenöl garnieren. Mit dem Saft beträufeln.

FAB

TAUBEN AUF WEICHSELN MIT HOLUNDERBEERENSAUCE

Tauben auf Weichseln
2 Tassen Weichselkirschen
Öl oder anderes Fett zum Braten
2–4 Tauben (im Fachhandel auf Bestellung erhältlich)
Salz und Pfeffer aus der Mühle
2–4 Zweige Estragon

Holunderbeerensauce
1 Zwiebel, fein gehackt
etwas Butter zum Dünsten und Verfeinern
200 ml Rotwein
1 Thymianzweig
1 Lorbeerblatt
Salz und Pfeffer aus der Mühle
2–3 Holunderbeerdolden

Die Weichselkirschen mit etwas Öl in eine Bratform geben. Die Tauben salzen und gut pfeffern; den Estragon in die Bauchhöhlen stecken. Mit Alufolie abdecken und im Backofen bei 170 Grad etwa 25 Minuten schmoren. Die Folie abnehmen, die Tauben mit dem ausgetretenen Bratsaft übergießen und bei 180 Grad Oberhitze knusprig braten.

Für die Sauce die Zwiebel in etwas Butter andünsten und mit dem Rotwein ablöschen. Thymian und Lorbeerblatt dazulegen. Mit Salz und Pfeffer würzen. Die Holunderbeerendolden 20 Minuten mitkochen und die Sauce etwas einreduzieren. Durch ein Sieb abgießen. Nach Bedarf mit etwas Butter verfeinern. Die Tauben mit der Sauce anrichten und servieren.

BEILAGEN

Ofentomaten mit Malvenblättern gefüllt an Knoblauch-Pinien-Paste
Die Tomaten halbieren, entkernen, salzen und mit gehackten Malvenblättern füllen. Aus Oregano, Knoblauch, Pinienkernen und Olivenöl eine Paste pürieren und die Tomaten damit bestreichen. 15 Minuten im Ofen überbacken.

Basilikum-Kartoffel-Stampf
Festkochende Kartoffeln schälen, in Würfel schneiden, in Salzwasser weich kochen und abgießen. Gehackten Knoblauch in Olivenöl andünsten, die Kartoffelwürfel dazugeben und erwärmen. Mit dem Stampfer oder einer Kelle etwas zerdrücken. Kurz vor dem Servieren in Streifen geschnittenes Basilikum unterziehen.

SALOL

ARONIA ODER APFELBEEREN

Aronia arbutifolia

STECKBRIEF

Der ursprünglich aus Nordamerika stammende sommergrüne Strauch, seit langem in Osteuropa verwildert, ist in wilden Hecken und an Waldrändern anzutreffen. Er blüht weiß-rosa in schirmförmigen Büscheln. Ab August können die erbsengroßen schwarzen Früchte geerntet werden.

VERWENDUNG

Beeren frisch oder getrocknet. Am häufigsten werden sie als Saft verwendet. Sie schmecken herb-säuerlich mit wenig Süße und erinnern an wilde Heidelbeeren.

WISSENSWERTES

Wegen ihres hohen Anteils an Vitamin C und K, Folsäure und Flavonoiden gilt die Pflanze in Osteuropa als Heil- und Stärkungsmittel. Die intensive dunkelviolette Farbe der Früchte wird gerne als Lebensmittelfarbe verwendet.

GEWÖHNLICHE BERBERITZE

Berberis vulgaris

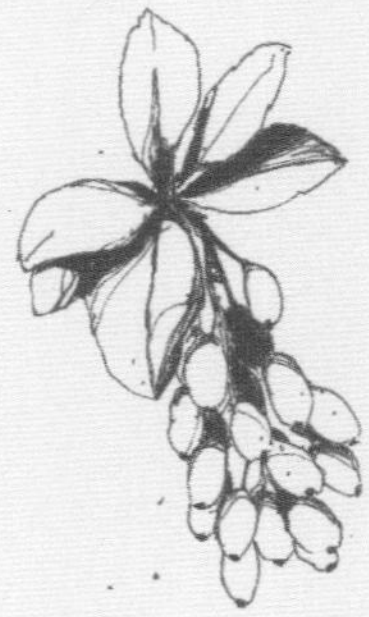

STECKBRIEF

Der bis 3 Meter hohe sommergrüne Strauch mit kleinen runden Blättern und Dornen ist in ganz Europa und Asien verbreitet und kann in milden Lagen bis auf 2500 Meter Höhe vorkommen. Bevorzugte Standorte sind lichte Wälder und Felshänge. Er bildet von März bis Mai traubige gelbe Blütenstände mit einem etwas unangenehmen Duft. Im September und Oktober trägt der Strauch rote, etwa 1 Zentimeter große Beeren.

VERWENDUNG

Die scharlachroten Beeren sind sehr sauer (6 % Apfelsäure) und reich an Vitamin C. Sie können roh oder getrocknet genossen werden. In Europa vor allem in Müsli oder als Konfitüre verwendet, passen sie auch gut als Farbtupfer in Desserts. In der orientalischen Küche werden sie gerne zu Fleisch (Lamm, Wild, Rind) und Fisch gereicht, im Iran auch zum Würzen des traditionellen Reisgerichts Sereschk Polo.

WISSENSWERTES

Die Berberitze ist eine beliebte Nektarpflanze. Das gelbe Holz wurde früher zum Färben von Textilien, Leder und Holz verwendet.

EIBE

Taxus baccata

STECKBRIEF

Eiben sind auf der ganzen Nordhalbkugel der Erde verbreitet und werden heute gerne als immergrüne Zierpflanzen in Gärten verwendet. Sie können sehr alt werden und passen ihren Wuchs – als Baum oder als Busch – an die jeweiligen Standortbedingungen an. Die Eibe ist meist zweihäusig (getrenntgeschlechtig) und hat immergrüne Nadeln. Das Holz alter Bäume ist rötlich.

VERWENDUNG

Nur das rote Fruchtfleisch, in das die (ebenfalls giftigen!) Kerne eingebettet sind, ist essbar. Es schmeckt intensiv süß. Der gesamte Rest der Pflanze ist hochgiftig!

WISSENSWERTES

Das Holz wurde früher wegen seiner hohen Dichte geschätzt und fand für die Herstellung von Werkzeug, Wasserleitungen und anderem mehr Verwendung; heute hat es lediglich noch für die Holzschnitzerei und Kunstdrechslerei Bedeutung. Die Eibe ist hochgiftig – bereits 100 bis 200 Gramm der Nadeln führen bei einem Pferd zum Tod, daher auch seine Bedeutung als Totenbaum, in Zauber und Aberglaube. Heute ist die Eibe in allen europäischen Ländern geschützt.

HECKENROSE

Rosa canina

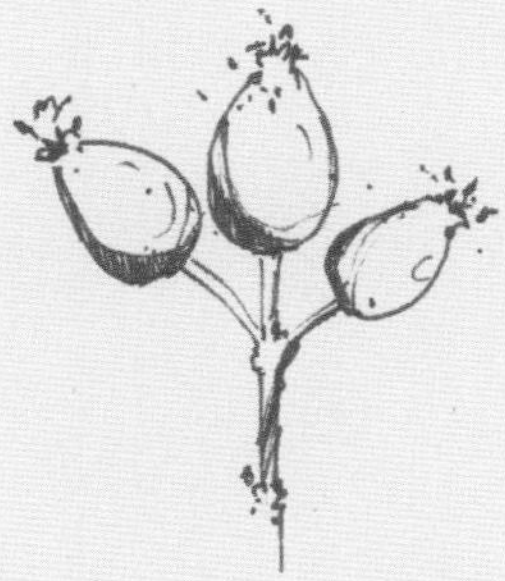

STECKBRIEF

Diese häufigste und am weitesten verbreitete Wildrosenart war bis etwa 1700 überall anzutreffen und ist eine wahre Pionierpflanze. Sie hat bis 3 Meter lange, bogenförmige Triebe und wächst schnell und stark in die Breite. Im Mai blüht sie weiß-rosa, im Oktober und November trägt sie Früchte, die roten Hagebutten.

VERWENDUNG

Die Blüten als Dekor auf Salaten, Desserts oder zum Beispiel in Taboulé. Die Früchte als Tee, Marmelade, Sirup oder Saucen für vegetarische Gerichte, aber auch zu Wild, Kaninchen oder Geflügel. Die Früchte enthalten sehr viel Vitamin C, aber auch A, B1, B2, P und K, außerdem viele Mineral- und Gerbstoffe. Ein Sud aus den Blättern hilft bei Kopf- und Ohrenschmerzen, Haut- und Zahnfleischentzündungen. Hagebuttenöl wird in der Kosmetik eingesetzt.

WISSENSWERTES

Als Kinder benutzten wir die Samen der haarigen Früchte als Juckpulver, indem wir sie uns gegenseitig in den Kragen steckten. Bei den Germanen galt die Rose als Sinnbild für das Weiterleben der Seele nach dem Tod. Über «gefallene Mädchen» sagte der Volksmund: «Die Rose wurde zu früh gepflückt.» Auch war es Brauch, dass Prostituierte als Erkennungszeichen Rosen tragen mussten. Heute ist sie die Symbolblume für irdische Liebe und Verehrung.

HOLUNDER

Sambucus nigra

STECKBRIEF

Der seit Urzeiten im menschlichen Siedlungsraum gedeihende Holunder ist in Mitteleuropa weit verbreitet und bis in Höhen von 1600 Meter anzutreffen. Als großer, schnellwüchsiger Strauch oder Baum wird er 2 – 15 Meter hoch und bildet ausladende, bogenförmige Äste. Er bildet nach dem Blattaustrieb ab Ende Mai bis Juni schirmförmige weiße Blütendolden mit einem intensiven, betörenden Geruch. Die an den Dolden hängenden Früchte, kleine kugelige Beeren von violett-schwarzer Farbe, sind ab etwa Anfang September reif.

VERWENDUNG

Holunder wird sowohl als Heilmittel als auch in der Küche gerne verwendet. Die Blüten enthalten viel Vitamin C und Eisen, Schleim- und Gerbstoffe und sind harn- und schweißtreibend.
Die herb-süßlich schmeckenden Beeren enthalten reichlich Vitamin A, B und C und gelten als blutreinigend. Vom Genuss unreifer wie größerer Mengen der reifen rohen Beeren wird abgeraten. Die in den Samen enthaltenen Giftstoffe werden jedoch durch Erhitzen restlos zerstört.
Die Blüten eingelegt und als Sirup, Limonade oder in Sekt verwendet. Die Beeren werden zu Saft, Gelee oder Mus verarbeitet.

WISSENSWERTES

Seit der Steinzeit eine Begleitpflanze des Menschen, gilt der Holunderstrauch als Beschützer für Haus und Hof. Eine alte Bauernweisheit sagt: «Vor dem Holunder muss man den Hut ziehen.» Heute erlebt der Holunder eine Renaissance und wird wieder vermehrt kultiviert.

KORNELKIRSCHE, TIERLIBAUM

Cornus mas

STECKBRIEF

Ursprünglich aus Südeuropa stammend, aber seit langem in Mitteleuropa wild anzutreffen als Heckenpflanze und in sonnigen Lagen auch als Kleinbaum, der bis 8 Meter hoch wird. Die Kornelkirsche ist ein Frühblüher, der zusammen mit der Weide ab Februar bis April blüht und damit als erste Futterquelle wichtig für Bienen ist. Der Baum hat eine schöne Herbstfärbung in Gelb-Orange.

VERWENDUNG

Ab September kann man die reifen dunkelroten Früchte ernten, wenn sie fast schon von selbst abfallen. Sie sind ideal für Säfte, Kompotts, Marmeladen oder zum Rohessen. Der Geschmack ist sauer-süß und erinnert etwas an Johannisbeeren. Sie sind sehr reich an Vitamin C, E, B und Rutin (ein Antioxidans gegen UV-Strahlen). In Deutschland und Österreich beliebt als Schnaps.

WISSENSWERTES

Der Fruchtertrag ist stark alternierend, das heißt, auf ein ertragreiches Jahr folgt ein mageres, dann wieder ein ertragreiches Jahr. Das Holz der Kornelkirsche ist von den in Europa wachsenden Hölzern das härteste; es ist so dicht, dass es im Wasser absinkt und wurde früher oft für Holzrechen verwendet. Die Kornelkirsche wird gerne als Heckenpflanze und neuerdings als kleinkroniger Alleebaum gepflanzt. Sie ist sehr gut schnittverträglich und wächst dadurch sehr schön.

SANDDORN

Hippophae rhamnoides

STECKBRIEF

Dieser ursprünglich aus Nepal stammende, inzwischen in ganz Asien und Europa verbreitete Strauch wächst bevorzugt an trockenen, kiesigen Lagen, gerne auch an Flussufern, wo er als Tiefwurzler bodenfestigend wirkt. Der sommergrüne Strauch mit weidenähnlichen, schmalen, silbriggrünen Blättern kann 2 – 6 Meter hoch werden und blüht im April vor dem Blattaustrieb gelblich. Der Sanddorn ist zweihäusig, das heißt, die weiblichen Pflanzen tragen die Früchte.

VERWENDUNG

Die ab September bis zu den ersten Frösten zu erntenden orangefarbenen Beeren schmecken sehr sauer-intensiv, breiig. Frisch, als Kompott oder als Saft zu verwenden – eine wahre Vitaminbombe: 1 Teelöffel deckt den Tagesbedarf an Vitamin C. Er enthält auch die Vitamine B12, E und F, außerdem Karotin, Magnesium und Kalzium.

WISSENSWERTES

Sanddorn wuchert gerne und ist deshalb für den Ziergarten ungeeignet, gut jedoch für Vogelhecken und erosionsgefährdete Orte. In der DDR wurde er als Vitamin- und Stärkungsmittel kultiviert. Sanddornfruchtfleisch ist sehr fetthaltig; das enthaltene Öl fördert die Wundheilung und wird bzw. wurde in Osteuropa zur Heilung von Strahlenschäden, beispielsweise durch Röntgenstrahlen oder bei Sonnenbrand genutzt.

SCHLAFMOHN

Papaver somniferum

STECKBRIEF

Schlafmohn ist eine Pionierpflanze, die offene Böden liebt und Konkurrenz meidet. Die einjährige krautige Pflanze mit silbrig-grünen Blättern wird 40 – 60 Zentimeter, an exponierten Lagen auch bis 120 Zentimeter hoch. Sie blüht im Juni und Juli weiß, bläulich oder lila-violett.

VERWENDUNG

Die angenehm süß-nussig schmeckenden Samen werden vor allem für Süßspeisen und Gebäck benutzt, aber auch aufgrund ihres hohen Fettgehalts von 40 – 50 Prozent zur Gewinnung von Öl. Im Alpenraum früher eine wichtige Ölpflanze. Mohn wird in Österreich und Ungarn auch heute noch viel angebaut und dort auch in der traditionellen Küche verwendet. Mohnsamen sind reich an Kalzium und Vitamin B. Der Rest der Pflanze ist giftig.

WISSENSWERTES

Schlafmohn ist wohl die älteste Kulturpflanze überhaupt. Bei Ausgrabungen in Pfahlbausiedlungen am Zürichsee wurden Mohnsamen gefunden. In früheren Zeiten war in jedem Garten ein Beet für den Schlafmohn bestimmt; daraus wurde Laudanum hergestellt, das wichtigste Hausmittel gegen Schmerzen, Schlaflosigkeit und zur Beruhigung. 1903 wurde es europaweit verboten.
Der aus einer Blütenkapsel gewonnene Milchsaft enthält etwa 25 mg Rohopium mit einem Gehalt von 15 Prozent Morphin; dieses dient zur Schmerzbekämpfung bei starken und chronischen Schmerzen, wird aber auch als Droge missbraucht.

SCHWARZDORN, SCHLEHDORN

Prunus spinosa

STECKBRIEF

Das in ganz Europa, Nordafrika und Vorderasien sehr verbreitete Steinobst- und Rosengewächs ist ein baumartiger sommergrüner Strauch, der bis 6 Meter hoch und bis vierzig Jahre alt werden kann. Er ist sehr verästelt und dornenreich und wuchert sehr wegen seines starken Wurzelaustriebs. Die zahlreichen weißen Blüten, die im März und April, lange vor dem Laubaustrieb, erscheinen, duften leicht mandelartig. Die schwarzblauen Früchte sind im Oktober und November reif.

VERWENDUNG

Die Früchte sind reich an Vitamin C, Gerbstoffen, Fruchtsäuren und Anthocyanen (blauer Lebensmittel-Farbstoff E 163). Sie werden nach dem ersten Frost geerntet und schmecken roh, als Kompott oder als Saft. Der Geschmack ist herb-sauer und wegen ihres Gerbsäuregehalts weinartig. Die unreifen Früchte dienen eingelegt als Olivenersatz.

WISSENSWERTES

Das harte, zähe Holz ist rötlich und wurde gerne für Spazierstöcke verwendet. Aufgrund der frühen, üppigen Blüte ist der Strauch für Bienen und Insekten ein wichtiger Nektarspender. Beliebt und wichtig auch für zahlreiche Schmetterlingsarten wie Tagpfauenauge, Schwalbenschwanz und Spinnerspanner.

WEISSDORN

Crataegus monogyna

STECKBRIEF

Der bis 6 Meter, selten bis 12 Meter hohe Strauch oder kleine Baum wächst an Waldrändern, in Gebüschen und Hecken in ganz Europa und Asien. Er ist sehr dornenreich, blüht weiß im Mai und Juni, und trägt im Herbst rote Früchte.

VERWENDUNG

Die herb-süß schmeckenden Beeren sind beliebt als Marmelade, Kompott, Sirup oder zu Fleisch. Auch wird aus ihnen Schnaps gebrannt. Ganz junge Blätter sind auch als Gemüse bekömmlich.

WISSENSWERTES

Blüten und Blätter sind in vielen Pflanzenpräparaten enthalten; sie verstärken die Pumpkraft des Herzens. Der Weißdorn wird von Bienen und Schmetterlingen viel besucht; er bietet zahlreichen Vögeln einen Brutplatz und mit seinen Früchten eine wichtige Nahrungsquelle im Winter.

WINTER

SCHÖN IST ES, MIT DEM
EINGEMACHTEN DIE STIMMUNG
AUFZUHELLEN UND SICH
MIT LANG GESCHMORTEM VON
INNEN AUFZUWÄRMEN.

GEFÜLLTE CRESPELLE AUS FARINA BONA AN MISPEL-PORTWEIN-JUS

Hauptgang oder warme Vorspeise, ab Oktober bis Januar.

Crespelle
3 Eier
250 ml Milch
Salz, Pfeffer aus der Mühle, frisch geriebene Muskatnuss
200 g Farina Bona oder anderes Mehl
Butter oder Öl zum Braten und Bestreichen
300 – 500 g Schwarzwurzeln oder Kerbelwurzeln
300 g Federkohl

Mispel-Portwein-Jus
6 – 10 Mispeln
1 kleine Zwiebel, fein gehackt
1 Knoblauchzehe, fein gehackt
Öl zum Dünsten
Thymian, fein gehackt
100 ml weißer Portwein oder eine Mischung aus Noilly Prat und Weißwein
Salz und Pfeffer aus der Mühle

Für die Crespelle Eier und Milch zusammen aufschlagen, mit Salz, Pfeffer und Muskat würzen. Das Mehl beigeben und alles zu einem feinen Teig schlagen. Den Teig mindestens 30 – 60 Minuten ruhen lassen. In wenig Butter oder Öl zu dünnen Crêpes ausbacken.

Die Schwarzwurzeln oder Kerbelwurzeln rüsten und schälen, Schwarzwurzeln in 2 – 3 cm lange Stücke schneiden, Kerbelwurzeln ganz lassen. Zusammen mit den entstielten Federkohlblättern 15 Minuten in Salzwasser kochen, abgießen und abtropfen lassen. Die Crespelle mit dem Gemüse füllen, einwickeln und in eine feuerfeste Form legen. Mit wenig Butter oder Nuss-, Raps- oder Sonnenblumenöl bestreichen und im vorgeheizten Ofen bei 120 Grad nochmals kurz wärmen.

Für die Sauce die Mispeln waschen, halbieren, Kerne und Häutchen entfernen. Die Mispeln in wenig Wasser 3 Minuten weich kochen, dann durch ein Haarsieb streichen. Zwiebel und Knoblauch in Öl andünsten. Thymian und die passierten Mispeln beigeben und mit dem Portwein ablöschen. Aufkochen und mit Salz und Pfeffer abschmecken.

Die gefüllten Crespelle mit der Sauce auf Tellern anrichten.

TIPPS
Mispeln sind erst nach dem ersten Frost reif und süß und werden auch erst dann geerntet, sie können gut tiefgefroren oder eingemacht werden.
Kerbelwurzeln kann man immer ernten, solange der Boden nicht gefroren ist.
Crespelle sind eine der Urformen der Cannelloni. Während sie in Italien so nur noch selten serviert werden, ist diese Art der Zubereitung in Argentinien noch sehr verbreitet.

VARIANTEN
Die frischen Mispeln können durch eingemachte Mispeln oder durch Quitten, Äpfel oder Birnen ersetzt werden. Die Sauce kann mit Rahm verfeinert werden.

GRÜNE-LINSEN-LAUCH-SALAT MIT CEDRI, TOPINAMBUR UND LAVENDELSAUERRAHM

Vorspeise für den Winter, kann kalt oder warm serviert werden. Die Cedri-Saison dauert von Dezember bis März.

Grüne-Linsen-Lauch-Salat
2 Knoblauchzehen, fein gehackt
wilde Fenchelsamen
Öl zum Rösten
Noilly Prat
200 g grüne Linsen
Gemüsebouillon
1 – 2 Lauchstangen
4 – 6 Topinamburknollen und/oder Kerbelwurzeln
Zitronensaft
Oliven-, Raps- oder Mohnsamenöl, nach Belieben
Salz und Pfeffer aus der Mühle
1 kleine unbehandelte Cedro-Zitrone (Zitronatzitrone)
rosa Pfefferkörner, zerstoßen

Lavendelsauerrahm
1 Becher Sauerrahm (180 g)
1 Bund Schnittlauch, in feine Röllchen geschnitten
1 unbehandelte Zitrone, abgeriebene Schale
rosa Pfefferkörner, zerstoßen
grobes Meersalz
½ TL frische oder getrocknete Lavendelblüten oder -blätter

Für den Salat Knoblauch und Fenchelsamen in Öl anrösten, dann mit etwas Noilly Prat ablöschen. Die Linsen dazugeben, mit so viel Gemüsebouillon aufgießen, dass die Linsen bedeckt sind, und 20 Minuten bei milder Hitze kochen lassen. Abgießen und gut abtropfen lassen. Den Lauch waschen, in 5 cm lange Streifen schneiden und in kochendem Wasser 1 Minute blanchieren, dann kalt abschrecken; so bleibt die grüne Farbe erhalten.

Die Topinambur- und/oder Kerbelknollen schälen, falls nötig zerkleinern und 4 Minuten in kochendem Salzwasser blanchieren; abgießen und abtropfen lassen. Die Linsen und das Gemüse in einer Schüssel gut vermischen. Aus Zitronensaft, Öl, Salz und frisch gemahlenem Pfeffer ein Dressing rühren und über den Salat geben. Die Cedro-Zitrone halbieren oder vierteln und mit zerstoßenen rosa Pfefferkörnern in reichlich Öl sautieren. Unter den Salat mischen oder am Schluss als Garnitur dazulegen.

Den Sauerrahm mit Schnittlauch, Zitronenschale, etwas zerstoßenem rosa Pfeffer, Meersalz und Lavendelblüten oder -blättern mischen und 1 Stunde gekühlt ziehen lassen. Den Salat mit dem Lavendelsauerrahm anrichten.

HINWEIS

Kerbelwurzeln, die Wurzeln des Knolligen Kälberkopfs, sind eine vergessene Wildpflanze, die an feuchten Orten wächst.

VARIANTEN

Sind keine Cedri zur Hand, können sie durch Schale und Saft einer unbehandelten Zitrone ersetzt werden. Dieses Rezept kann fast ganzjährig zubereitet werden. Es passt vorzüglich zu geräuchertem oder gebratenem Fisch oder als besondere Delikatesse zu Trüschen-, Felchen- oder Dorschleber, die nur ganz kurz in Butter sautiert wird. Es lohnt sich, diese Rarität beim Fischhändler zu bestellen. Die Saison ist kurz, sie dauert meist nur von Frühling bis Sommer.

BODENRÜBENFLAN MIT MÖNCHSBART UND FARINATA DI CECI

Hauptgang, von Januar bis Ende März.

Farinata di Ceci

500 ml Wasser
50 ml Olivenöl
Salz und schwarzer Pfeffer aus der Mühle
1 TL Schwarzkümmelsamen
125 g Kichererbsenmehl

Bodenrübenflan

1 große Bodenrübe
2 Knoblauchzehen, gehackt
20 g Butter
1 unbehandelte Orange oder Bergamotte, abgeriebene Schale
einige Thymianblättchen
Reismehl zum Bestäuben
1 EL Grand Marnier
400 ml Milch
Salz, Cayennepfeffer
3 Eier

Gemüse

2 Lauchstangen
1 kleines Bund Mönchsbart
1 Bergamotte, Saft

Für die Farinata Wasser und Olivenöl mischen. Salz, Pfeffer und Schwarzkümmel beigeben. Das Kichererbsenmehl darin auflösen und 3 Stunden quellen lassen. Den Backofen auf maximale Hitze (250 – 300 Grad) vorheizen und die Masse 1 cm dick auf ein Backblech streichen. Im vorgeheizten Ofen 10 – 15 Minuten backen, bis die Masse fest und schön angebräunt ist.

Für den Flan die Rübe schälen und an der Röstiraffel reiben. Den Knoblauch in der Butter andünsten. Die Orangen- oder Bergamotteschale, einige Thymianblättchen und die geraffelte Rübe mitdünsten. Mit wenig Reismehl bestäuben und mit dem Grand Marnier ablöschen. Die Milch dazugießen und kurz aufkochen, dann mit Salz und Cayennepfeffer abschmecken. Etwas abkühlen lassen, dann die Eier untermischen.

Die Masse in mit kaltem Wasser ausgespülte Timbaleformen (ca. 6 cm Durchmesser, 150 ml Inhalt) füllen und im Wasserbad bei 85 Grad pochieren, bis die Flans schön kompakt sind. Das braucht im Ofen circa 45 Minuten, im Steamer oder in einem Topf im siedenden Wasserbad circa 20 Minuten. Achtung: Bei einer Temperatur über 85 Grad verliert der Flan seine cremige Konsistenz und wird bröckelig.

Für das Gemüse den Lauch waschen, in 8 cm lange Stücke und dann in feine Streifen schneiden. Den Mönchsbart waschen und rüsten. Beides zusammen in kochendem Wasser 1 – 2 Minuten blanchieren, abgießen und abschrecken. Auf Teller geben und mit dem Saft der Bergamotte beträufeln.

Die Farinata in Stücke schneiden und mit Flan und Gemüse anrichten.

TIPP

Die Farinata eignet sich sehr gut für ein Buffet oder zu Salaten. In Ligurien wird sie in Bäckereien verkauft und als Zwischenverpflegung gleich so, ganz ohne weitere Beilage warm verzehrt.

ITALIENISCHE WINTEREXOTIK

Vorspeise oder Hauptgang, rein vegan. Cima di rapa und Catalogna sind typische italienische Wintergemüse und beleben mit ihrem satten Grün die winterliche Küche.

---

4 Knoblauchzehen, grob geschnitten
½ EL wilde Fenchelsamen
etwas Peperoncini, in Streifen geschnitten
Olivenöl zum Rösten
50 g glatte Petersilie, Stängel und Blätter getrennt gehackt
2–3 EL Pinienkerne
1 EL Kapern
1 unbehandelte Cedro-Zitrone (Zedratzitrone)
Salz und Pfeffer aus der Mühle
400 g Cortecce oder Orecchiette
500 g Cima di Rapa (Stängelkohl) oder Catalogna (Blattzichorie) oder halb-halb

Knoblauch, Fenchelsamen und Peperoncini in Olivenöl rösten. Die gehackten Petersilienstängel, Pinienkerne und Kapern dazugeben. Die Cedro-Zitrone halbieren oder vierteln, dann in dünne Scheiben schneiden und mitdünsten.

Die Teigwaren nach Packungsanweisung in Salzwasser kochen. Das Gemüse waschen, rüsten, in 5 cm lange Stücke schneiden und in den letzten 2 Minuten mit den Teigwaren mitkochen, dann alles abgießen und abtropfen lassen.

Die grob geschnittenen Petersilienblätter zu der Sauce geben, mit Salz und Pfeffer abschmecken. Die Pasta-Gemüse-Mischung kurz in der Sauce wenden und servieren.

VARIANTEN

1 kleine Dose Sardellenfilets hacken und in die Sauce geben, dann aber nur sparsam Salz verwenden.
Wenn keine Cedri vorhanden sind, kann dieses Rezept auch mit dem Abrieb und dem Saft einer unbehandelten Zitrone gemacht werden. Die Kapern können durch Oliven ersetzt werden, schwarze passen farblich gut dazu.

PASTINAKENSUPPE MIT DÖRRBIRNEN

2 Zwiebeln, fein gehackt
2 Knoblauchzehen, gehackt
20 g Butter
500 – 700 g Pastinaken (evtl. wilde), in Würfel geschnitten
1 unbehandelte Bitterorange, abgeriebene Schale und Saft
1 EL Grand Marnier
1 l Wasser oder Gemüsebouillon
100 ml Rahm
Salz und Pfeffer aus der Mühle oder Cayennepfeffer oder Piment, nach Belieben
frischer Thymian, fein gehackt
1 EL Baumnussöl
1 Handvoll Ringe oder Schnitze von Dörrbirnen

Zwiebeln und Knoblauch in der Butter andünsten. Die gewürfelten Pastinaken dazugeben und mitdünsten. Die abgeriebene Bitterorangenschale beigeben. Mit Grand Marnier und Bitterorangensaft ablöschen. Mit Wasser oder Gemüsebouillon auffüllen und 20 Minuten kochen lassen. Dann mit dem Stabmixer pürieren und mit dem Rahm verfeinern.

Die Suppe nochmals kurz aufkochen. Mit Salz und Pfeffer oder nach Belieben Cayennepfeffer oder Piment abschmecken. Mit frischem Thymian bestreuen. Die Suppe anrichten und mit Baumnussöl und Dörrbirnen garnieren.

VARIANTEN

Statt der Bitterorangenschale ersatzweise Orangenschale nehmen. Als Saft sollte aber kein normaler Orangensaft verwendet werden, er würde die Suppe dominieren und zu süß machen. Anstelle der gedörrten Birnen mit gedörrten Apfelringen garnieren.
Um den intensiven Pastinakengeschmack zu mildern, einen Teil der Pastinaken durch Kartoffeln oder Knollensellerie ersetzen. Wilde Pastinaken sind noch intensiver im Geschmack, darum braucht es davon viel weniger. Alternativ kann man die Suppe auch mit Petersilienwurzeln machen. Um die Suppe gehaltvoller und sämiger zu machen, mit Kartoffeln ergänzen oder mit Maizena oder Reismehl binden.

MISPEL *Mespilus germanica*

MISPEL *Mespilus germanica*

DREIERLEI RANDEN IM OFEN GESCHMORT MIT ZIRBEN-ZIEGENFRISCHKÄSE

Vorspeise vom Spätsommer bis in den Winter. Die gelben und rot-weißen Randen werden selten angebaut und sind dadurch immer schnell ausverkauft. Der harzige Geschmack des Zirbenschnapses erinnert an Weihnachten und Winterfeuer.

---

3 – 4 rote, gelbe und rot-weiße Randen
etwas Obstessig
Salz
Schwarzkümmel, Kümmel, getrocknete Lavendelblüten
Nuss- oder Rapsöl zum Anrösten
Pfeffer aus der Mühle
150 g Ziegenfrischkäse oder Rahmquark
1 EL Zirbenschnaps

Die Randen ungeschält waschen und mit etwas Obstessig beträufelt und mit Salz bestreut in Alufolie einpacken. Im Backofen bei 170 Grad je nach Größe der Knollen 30 – 40 Minuten backen, bis sie etwas weich werden, aber noch fest sind. Schälen und in Scheiben schneiden. Die Scheiben dekorativ auf Tellern anrichten. Schwarzkümmel, Kümmel und getrocknete Lavendelblüten in Öl anrösten, mit Salz und Pfeffer würzen und das heiße Würzöl über die Randenscheiben verteilen.

Den Frischkäse oder Quark mit etwas Salz und dem Zirbenschnaps gut verrühren. Als Dip in die Mitte auf die Teller geben und die Randen warm oder lauwarm servieren.

Variante des Rezepts auf der nächsten Seite

VARIANTE

Das Rezept von Seite 272 kann man auch gut mit Bodenrüben, Kerbelwurzeln oder einer Mischung aus beidem machen. Der Zirbenschnaps kann durch Akazienhonig ersetzt werden.

SYRISCHER REIS MIT FEDERKOHL UND TOPINAMBUR GARNIERT MIT BERGAMOTTESAUERRAHM

Hauptgang für die Herbst- und Wintermonate.
Dieser Reis passt auch vorzüglich zu Lammfleisch.

Syrischer Reis
500 g Zwiebeln
50 ml Sonnenblumenöl
Salz
2 Briefchen Safran (à ca. 100 mg)
300 – 350 g Langkornreis
3 EL Berberitzenbeeren
Öl für die Form

Gemüse
500 g Federkohl
Salz
200 g Topinambur

Sauerrahm
1 unbehandelte Bergamotte, Saft und abgeriebene Schale
1 Becher Sauerrahm (180 g)
1 Knoblauchzehe
Salz, orientalisches Currypulver oder Harissapaste
Pfeffer aus der Mühle

Die Zwiebeln halbieren und in dünne Spalten schneiden. In dem Öl langsam dünsten, bis sie leicht bräunlich werden. Etwas salzen und den Safran dazugeben. Salzwasser aufsetzen und darin den Reis und die Berberitzen 18 – 20 Minuten weich kochen, dann abgießen und gut abtropfen lassen. Eine Backform einölen und schichtweise Berberitzen-Reis und Safranzwiebeln einfüllen. Bei 170 Grad im vorgeheizten Ofen etwa 15 Minuten backen.

Für das Gemüse den Federkohl von den Stielen befreien und in Salzwasser 8 Minuten blanchieren, dann abgießen und abschrecken. Den Topinambur waschen, in Scheiben schneiden und 3 Minuten blanchieren, dann ebenfalls abgießen und abschrecken.

Den Saft und die Schale der Bergamotte zum Sauerrahm geben. Den Knoblauch dazupressen. Mit Salz, Currypulver oder Harissapaste sowie Pfeffer würzen. Den Reis mit dem Gemüse und dem Sauerrahm anrichten.

VARIANTEN
Anstelle von Sauerrahm Joghurt, Quark oder ein Gemisch aus beidem reichen. Federkohl durch Spinat, Mangold oder Cima di Rapa ersetzen. Nach Belieben gerösteten Sesam in den Sauerrahm geben.

WILDER VEGETARIERTELLER

Für Herbst und Winter. Ein aufwendiger Hauptgang, aber es können auch nur Teile davon zubereitet werden.

Spätzli

1 Handvoll Spinat
100 ml Milch
3 Eier
150 g Mehl
150 g Hartweizendunst
Salz
Butter zum Braten

Rotkraut

1 Zwiebel, fein gehackt
Butter zum Dünsten
1 kleiner Kopf Rotkohl
etwas Beerenmarmelade
etwas Essig
Salz
1 Handvoll Stachys, geputzt

Für die Spätzli den gewaschenen Spinat in der Milch pürieren. Die Eier unterrühren, Mehl und Hartweizendunst zugeben und alles durch kräftiges Schlagen mit der Kelle zu einem glatten, luftigen Teig verarbeiten. Den Teig mindestens 30 Minuten ruhen lassen. Anschließend den Teig durch ein Spätzlisieb in siedendes Salzwasser streichen. Wenn die Spätzli an die Oberfläche steigen, 1 Minute obenauf schwimmen lassen, dann mit der Lochkelle abschöpfen und in Eiswasser kühlen.

Für das Rotkraut die Zwiebel in etwas Butter andünsten. Den Rotkohl fein schneiden oder hobeln und mitdünsten. Etwas Beerenmarmelade und Essig zugeben, mit Wasser aufgießen und 40 Minuten köcheln lassen. Mit Salz abschmecken und in den letzten 2 Minuten die geputzten Stachys mitkochen.

Fortsetzung des Rezepts auf der nächsten Seite

Gratinierte Mispeln
4–8 Mispeln
2 EL Preiselbeerkonfitüre

Marroni-Kürbis-Gemüse
8–12 geschälte Marroni, frisch oder tiefgefroren
Salz
Butter oder Öl zum Dünsten
1 Sternanis, zerstoßen
4 Salbeiblätter, in Streifen geschnitten
2 Knoblauchzehen, gehackt
200 g Kürbisfruchtfeisch, in Würfel geschnitten
Brandy oder Sherry
Pfeffer aus der Mühle

Die Mispeln waschen, halbieren, Kerne und Häutchen mit einem Löffel entfernen. Die ausgehöhlten Mispeln mit der Preiselbeerkonfitüre füllen und im Backofen bei 180 Grad 5 Minuten überbacken.

Die frischen oder gefrorenen Marroni in Salzwasser 10 Minuten blanchieren, dann abgießen und abtropfen lassen. Butter oder Öl in einer Bratpfanne erwärmen. Sternanis, Salbei, Knoblauch, Kürbiswürfel und Marroni dazugeben und dünsten, bis der Kürbis weich ist. Mit wenig Brandy oder Sherry ablöschen. Mit Salz und Pfeffer abschmecken.

Vor dem Servieren die Spätzli in Butter mit reichlich Salz anbraten, ohne dass sie braun werden. Die Spätzli mit dem Rotkraut, den gratinierten Mispeln und dem Marroni-Kürbis-Gemüse anrichten.

VARIANTE

Einzelne Komponenten können weggelassen oder nach Belieben ausgetauscht werden. Rosenkohl, Federkohl, Apfelschnitze oder weiße Spätzli passen bestens.

KICHERERBSEN-TÄTSCHLI AUF DÖRRBOHNEN UND SCHABZIGERKLEESCHAUM

Winterlicher Hauptgang. Vegan. Die Kichererbsen-Tätschli eignen sich auch als Vorspeise oder mit einer Sauce fürs Buffet.

Dörrbohnen
100 – 150 g Dörrbohnen
1 Zwiebel, fein gehackt
Sonnenblumenöl zum Dünsten
1 l Gemüsebouillon oder Cidre (Apfelwein)
frisches oder getrocknetes Bohnenkraut

Kichererbsen-Tätschli
300 g Kichererbsen
etwas frischer Ingwer, gerieben
4 Knoblauchzehen
Kümmel, zerstoßen
etwas glatte Petersilie, fein geschnitten
1 Bund Frühlingszwiebeln, fein geschnitten
Salz und Pfeffer aus der Mühle
Olivenöl zum Braten

Schabzigerkleeschaum
½ Zwiebel, fein gehackt
Öl zum Dünsten
etwas Schabzigerkleepulver
200 ml Weißwein
Salz und Pfeffer aus der Mühle
1 – 2 EL Sojalecithin

Die Dörrbohnen über Nacht in reichlich Wasser einweichen, am nächsten Tag gut abspülen. Die Zwiebel in Sonnenblumenöl andünsten, dann die Bohnen dazugeben, mit Gemüsebouillon oder etwas Cidre ab- löschen und mit der Flüssigkeit bedeckt etwa 40 Minuten kochen lassen. In den letzten 5 Minuten etwas frisches oder getrocknetes Bohnenkraut beifügen.

Für die Tätschli die Kichererbsen über Nacht in reichlich Wasser einweichen. Am nächsten Tag das Einweichwasser wegschütten und die Kichererbsen in frischem Wasser mit dem geriebenen Ingwer etwa 12 Minuten weich kochen. Durch ein Sieb abgießen und zerdrücken; sie sollten aber noch etwas Struktur haben. Den Knoblauch dazupressen, Kümmel, Petersilie und Frühlingszwiebeln beifügen und alles gut vermischen. Mit Salz und Pfeffer abschmecken. Aus der Masse Plätzchen oder Kugeln formen und diese in Olivenöl goldbraun braten.

Für den Schabzigerkleeschaum die Zwiebel in Öl andünsten, mit wenig Schabzigerkleepulver bestreuen und mit dem Weißwein ablöschen. Mit Salz und Pfeffer abschmecken und 5 Minuten kochen lassen. Das Sojalecithin beigeben und alles mit dem Stabmixer pürieren. Dann vom Herd nehmen und weitermixen, bis die Masse einen luftigen Schaum ergibt. Die gebratenen Tätschli mit den Dörrbohnen und dem Schabzigerkleeschaum anrichten.

VARIANTEN
Als Gemüsebeilage können alle Arten von Gemüse verwendet werden.
Die Kichererbsenbällchen vertragen auch gut kräftige Gewürze wie Garam Masala oder Harissa. Eine würzige orientalische Joghurtsauce passt bestens dazu.

NÜSSLISALAT MIT STACHYS UND GEFÜLLTEM EI

200 g Nüsslisalat (Feldsalat)
1 Handvoll Stachys
Öl zum Braten
Salz und Pfeffer aus der Mühle
1 unbehandelte Bergamotte, Saft und abgeriebene Schale
1 Frühlingszwiebel, fein gehackt
3 EL Raps- oder Sonnenblumenöl
2–4 Eier
etwas Senf und ein paar Tropfen Essig, ersatzweise Salsa di Pere
1 Bund Schnittlauch, in Röllchen geschnitten

Den Nüsslisalat rüsten, gründlich waschen und abtropfen lassen. Die Stachys waschen und in wenig Öl mit Salz und Pfeffer rösten; alternativ können sie auch einfach roh verwendet werden. Die Stachys unter den Nüsslisalat mischen. Saft und Schale der Bergamotte, Öl und Frühlingszwiebel mischen, pürieren, mit Salz und Pfeffer abschmecken und über den Salat geben.

Die Eier hart kochen, schälen und längs halbieren. Die Eigelbe herausnehmen, in eine Schüssel geben und mit einer Gabel zerdrücken. Mit wenig Salz, etwas Senf und paar Tropfen Essig (oder ersatzweise Salsa di Pere) abschmecken. Die Schnittlauchröllchen unterziehen. Die Eigelbmasse wieder in die Eiweißhälften füllen und die Eier mit dem Salat servieren.

HINWEIS

Salsa di Pere ist eine scharf-süße Birnenpaste mit Senfaroma, sie passt vorzüglich zur Käseplatte. In Spezialitätengeschäften erhältlich, ansonsten unbedingt von der nächsten Italienreise als Souvenir mit nach Hause nehmen. Für Käseliebhaber ein absolutes Muss!

VARIANTE

Die Bergamotte kann gut durch Bitterorange, Orange oder Mandarine ersetzt werden.

MALVE *Althaea rosea*

MONTE BIANCO MIT ARONIA-BERBERITZEN-ORANGEN-SALAT

Ein Herbst-Winter-Dessert. Gut gekühlt hält es sich zehn Tage und lässt sich auch gut einfrieren. Aufwendig, deswegen lohnt es sich, gleich mehrere Portionen herzustellen und einzufrieren.

Monte Bianco
250 ml Milch
2 EL Honig
1 Sternanis
1 Vanilleschote
1 unbehandelte Orange, etwas abgeriebene Schale
200 g Marroni
100 g dunkle Schokolade

Aronia-Berberitzen-Orangen-Salat
3 Orangen
½ EL Grand Marnier
je 1 EL getrocknete Aronia- und Berberitzenbeeren
100 ml Rahm, steif geschlagen

Die Milch mit Honig, Sternanis, Vanilleschote und abgeriebener Orangenschale aufkochen. Die Marroni zugeben und in circa 15 Minuten weich kochen.
Die Gewürze entfernen und die Marroni in der Milch pürieren. Wichtig: Die Masse muss nach dem Pürieren breiig sein; wenn sie zu flüssig ist, bei kleiner Hitze nochmals etwas eindicken, bevor die Schokolade zugegeben wird. Die Schokolade in die heiße Masse geben und schmelzen lassen. Abkühlen lassen.

Für den Fruchtsalat die Orangen sorgfältig filetieren; den Saft dabei auffangen und mit dem Grand Marnier zu einer Marinade mischen. Die Orangenfilets und die Beeren auf Tellern verteilen, mit der Marinade begießen und 30 – 60 Minuten marinieren.

Die abgekühlte, erstarrte Marronimasse durch eine Kartoffelpresse drücken, als Vermicelles auf dem Fruchtsalat anrichten und mit Schlagrahm garnieren.

VARIANTEN

Die Marroni-Schokoladen-Vermicelles können auch nur mit Rahm serviert werden. Nach Belieben noch etwas Kirsch beigeben.

BALSAMICOPARFAIT MIT SANDDORN-KAKI-COULIS

Dessert für den Herbst, mit entsprechendem Frucht-Coulis aber auch gut ganzjährig möglich.

Balsamicoparfait
100 ml Aceto balsamico
25 g Honig
3 Eier
1 EL Zucker
1 Vanilleschote, Mark
250 ml Vollrahm

Sanddorn-Kaki-Coulis
1 Tasse Sanddornbeeren oder -saft
Zucker oder Agavendicksaft oder ein anderes Süßungsmittel, nach Belieben
2 Kaki

Für das Parfait den Aceto balsamico mit dem Honig kochen und einreduzieren, bis eine zähflüssige Masse entstanden ist. (Alternativ können auch 3 Esslöffel Crema di Aceto balsamico verwendet werden, dies erspart die Reduktion.) 2 Eier trennen. Die Eigelbe und das ganze Ei mit dem Zucker im warmen Wasserbad schaumig schlagen, bis sich das Volumen verdoppelt hat. Dann im Eiswasserbad kalt schlagen. Das Vanillemark und die Balsamicoreduktion unterziehen. Den Rahm und die Eiweiße getrennt steif schlagen und jeweils sorgfältig unter die Masse heben. Die Masse in eine Form füllen und mindestens 3 Stunden im Tiefkühler gefrieren. Hält sich dort mehrere Wochen; deswegen lohnt es sich, von diesem Dessert gleich zwei Portionen zuzubereiten.

Für das Coulis die Sanddornbeeren mit wenig Wasser aufkochen und nach Belieben süßen, abkühlen lassen und pürieren. Die Kaki schälen, würfeln und mit dem abgekühlten Sanddornpüree oder dem Saft mischen.

Das Balsamicoparfait in Scheiben schneiden und mit dem Sanddorn-Kaki-Coulis anrichten.

TIPPS

Als Garnitur etwas von der Balsamicoreduktion beiseitestellen. Man kann die Reduktion auch nur leicht unter die Masse ziehen, sodass eine schöne Marmorierung entsteht und sich beim Essen verschiedene Intensitäten des Balsamicogeschmacks ergeben.

VARIANTE

Zu dem Parfait passen auch Beeren oder Melonenbällchen bestens. Dadurch ist es ein ganzjähriges Dessert.

WINTER-TAVOLATA

RISOTTO MIT SAMEN UND
WURZELN DER MALVE

BIRNENTARTE MIT SAFRAN
UND BERBERITZEN

Dazu passt ein Zweigelt aus dem Burgenland.

1 MAURICE MAGGI, 2 DORO WINKLER, 3 KURT SEILER, 4 LUIGI PREZIOSO,
5 REGULA JÄGER, 6 VERENA PREZIOSO, 7 LAURENT HOURIET, 8 PHILIPPE CHRÉTIEN

RISOTTO MIT SAMEN UND WURZELN DER MALVE

10–15 g getrocknete Herbsttrompeten
1–2 Stücke Malvenwurzel (50 g)
1 große Zwiebel, fein gehackt
20 g Butter
350 g Risottoreis
1 Lorbeerblatt
etwas Thymian, fein gehackt
1 unbehandelte Bergamotte, abgeriebene Schale und Saft
200 ml trockener Weißwein
800 ml heiße Gemüsebouillon
300 g Vacherin fribourgois, in Würfel geschnitten
1 Radicchio (Trevisano), in Streifen geschnitten
Salz und Pfeffer aus der Mühle
1 Handvoll geröstete Malven-, Karden- und/oder Mariendistelsamen

Die Herbsttrompeten 15 Minuten wässern, dann abspülen. Die Malvenwurzel schälen und in kleine Würfel schneiden. Die Zwiebel in der Butter glasig dünsten. Malvenwurzel und Reis zugeben und mitdünsten. Lorbeerblatt, etwas Thymian sowie Schale und Saft der Bergamotte beigeben. Mit dem Weißwein ablöschen und unter ständigem Rühren portionenweise heiße Gemüsebouillon zugießen und unter Rühren einziehen lassen. Je nach Reisart sollte der Reis nach circa 15 Minuten außen weich sein und innen noch etwas Biss haben.

Den gewürfelten Käse und den Trevisano zugeben, kurz umrühren und mit Salz und Pfeffer abschmecken. Mit den gerösteten Samen garnieren.

VARIANTEN

Alternativ zu der Malvenwurzel können auch Schwarzwurzeln, Kerbelwurzeln, Topinambur oder eine Mischung aus allen dreien verwendet werden. Auch die Wurzeln der Stockrose eignen sich, diese sind größer und ergiebiger.
Anstelle der Malven-, Karden- und Mariendistelsamen kann man auch geröstete Buchweizenkerne verwenden.
Anstelle der Bergamotte kann auch Bitterorange oder Orange verwendet werden. Von der Orange nur die Hälfte des Safts verwenden.
Anstelle von Reis eignen sich auch alle anderen Arten von ganzen Getreidekörnern, dann wird es etwas rustikaler. Gerste, Dinkel und Weizen eignen sich am besten dank ihres höheren Klebereiweißanteils.

BIRNENTARTE MIT SAFRAN UND BERBERITZEN

Als Dessert oder süßer Hauptgang für Herbst und Winter.

---

200 g oder 1 fertig ausgewallter runder Blätterteig
4–5 Birnen
2 Eier
4 EL Zucker
1 EL Amaretto
½ unbehandelte Orange, Bitterorange oder
Bergamotte, abgeriebene Schale
1 EL Berberitzenbeeren
etwas Safran
50 g Quark
50 ml Rahm

Den Backofen auf 180 Grad vorheizen. Den Blätterteig rund auswallen. Eine Tarteform mit Backpapier auslegen. Den Teig in die Form legen und den Rand schön einrollen. Den Boden mehrmals mit einer Gabel einstechen. Die Birnen schälen, halbieren und das Kerngehäuse entfernen. Die Birnenhälften dekorativ auf dem Teigboden auslegen, mit einem kleinen Messer fächerartig einschneiden und die Wähe im vorgeheizten Ofen etwa 15 Minuten backen.

Für den Guss die Eier mit Zucker und Amaretto schaumig schlagen, bis die Masse hellgelb und luftig-steif wird. Wichtig: Unbedingt genügend Geduld dafür aufbringen und 10–12 Minuten rühren! Die abgeriebene Orangenschale, die Berberitzen und etwas Safran beigeben und gut unterrühren. Dann Quark und Rahm sorgfältig unterziehen. Den Guss über die Birnen geben und bei 160 Grad nochmals 15–20 Minuten backen, bis er fest und goldbraun ist.

TIPP

Wenn der Kuchen nicht am gleichen Tag verzehrt wird, sollte Kuchenteig verwendet werden. Blätterteig bleibt nur einen Tag knusprig und wird über Nacht weich und matschig.

VARIANTEN

Marzipanrohmasse auf den Kuchenboden raffeln oder den umgefalteten Rand damit füllen, dann wird es schon sehr tortenähnlich – üppig, aber fein. Der Safran kann auch weggelassen werden.
Für dieses Wähen-Grundrezept eignen sich alle Früchte, ich wähle dann den entsprechenden Fruchtschnaps dazu oder gebe ein wenig Brandy oder Rum dazu.

KERBELWURZ

Chaerophyllum bulbosum

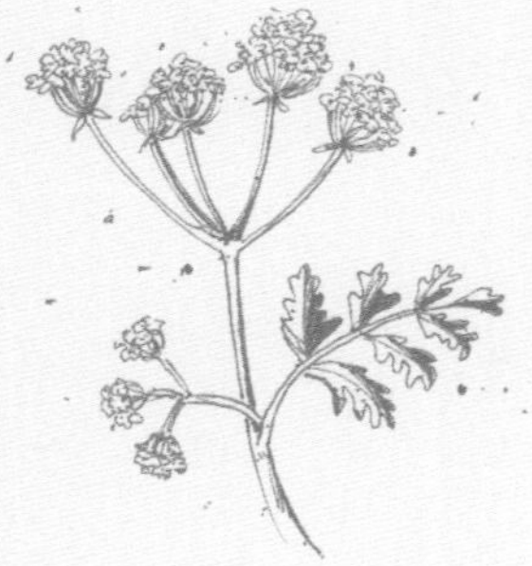

STECKBRIEF

Die bis 2 Meter hohe kerbelartige Pflanze wächst an feuchten sonnigen Orten, in Uferzonen und auf Ruderalflächen. Sie wurde seit dem Mittelalter in Europa kultiviert, war sehr verbreitet und ist deshalb auch noch verwildert anzutreffen, vor allem in Osteuropa und auf dem Balkan, bei uns hingegen heute eher selten.

VERWENDUNG

Ab September, nach dem Einziehen der Blätter, können die radieschengroßen, ovalen Wurzeln geerntet werden. Sie schmecken süßlich, haselnussartig und erinnern an Pastinaken oder Petersilienwurzel, sind stärke- und eiweißhaltig und relativ fettarm. Eine schöne Beilage und ein herrliches Wintergemüse für Suppen, geröstet auch als Chips geeignet. Auch die grünen, jungen Pflanzenteile sind als Gemüse verwendbar.

WISSENSWERTES

Die Kerbelwurz war einst in ganz Europa ein wichtiges Nahrungsmittel, geriet aber nach der Verbreitung der Kartoffel in Vergessenheit. Heute im Loire-Gebiet und in Italien wieder vermehrt als Delikatesse kultiviert.

MISPEL

Mespilus germanica

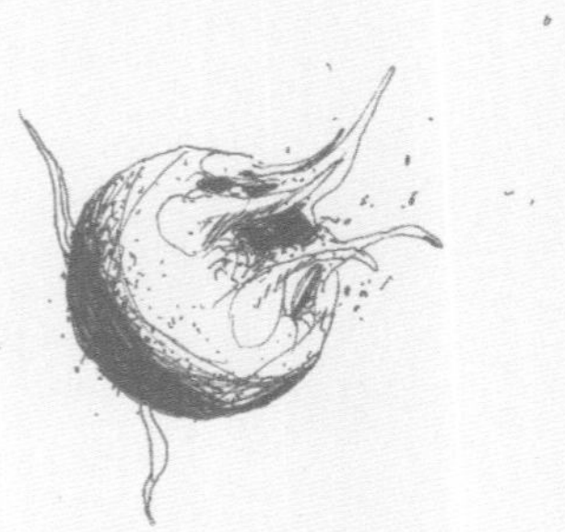

STECKBRIEF

Dieser kleine, breitkronige, bis 5 Meter hohe Baum wurde früher in Europa als Obstbaum kultiviert, ist heute jedoch nur noch verwildert anzutreffen. Er blüht weiß nach dem Blattaustrieb im Mai, die Früchte werden nach dem ersten Frost im November reif.

VERWENDUNG

Die reifen Früchte schmecken sehr aromatisch und säuerlich. Sie werden roh oder gebacken zu Wild gereicht, zu Saft oder zu Marmelade verarbeitet. Sie enthalten viel Kalium und Kalzium, und die unreifen Früchte werden wegen ihres hohen Tanningehalts zur Verhinderung der Trübung von Wein und Most verwendet.

WISSENSWERTES

Früher kultiviert, heute selten als Zierbaum in Gärten oder verwildert anzutreffen. Die Früchte sollen der Arterienverkalkung vorbeugen und entzündungshemmend wirken. Heute im Balkan und der Türkei noch häufig kultiviert, so auch bei uns in diesen Fachgeschäften erhältlich. Lassen sich gut ganz eingefrieren und später verwenden

MALVE

Althaea rosea

STECKBRIEF

Die möglicherweise vom Balkan stammende mehrjährige Pflanze ist vermutlich ein Kulturhybride. Sie wächst aufrecht, kaum verzweigt, bis 3 Meter hoch und blüht von Mai bis Oktober in allen Pastelltönen. Seit 1984 säe ich die Malven im öffentlichen Raum in Zürich und nun sind diese zu einem der Markenzeichen dieser Stadt geworden.

VERWENDUNG

Das junge Kraut kann von März bis Juni als Blattgemüse, die Wurzel im Herbst und Winter als aromatisches Gemüse verwendet werden, die Blüten als Dekoration und zur Teefärbung.

WISSENSWERTES

Wird wegen der vielen Gerb- und Schleimstoffe in Teemischungen verwendet.

MALVEN-AUSSAATEN IN ZÜRICH 1984 – 2014

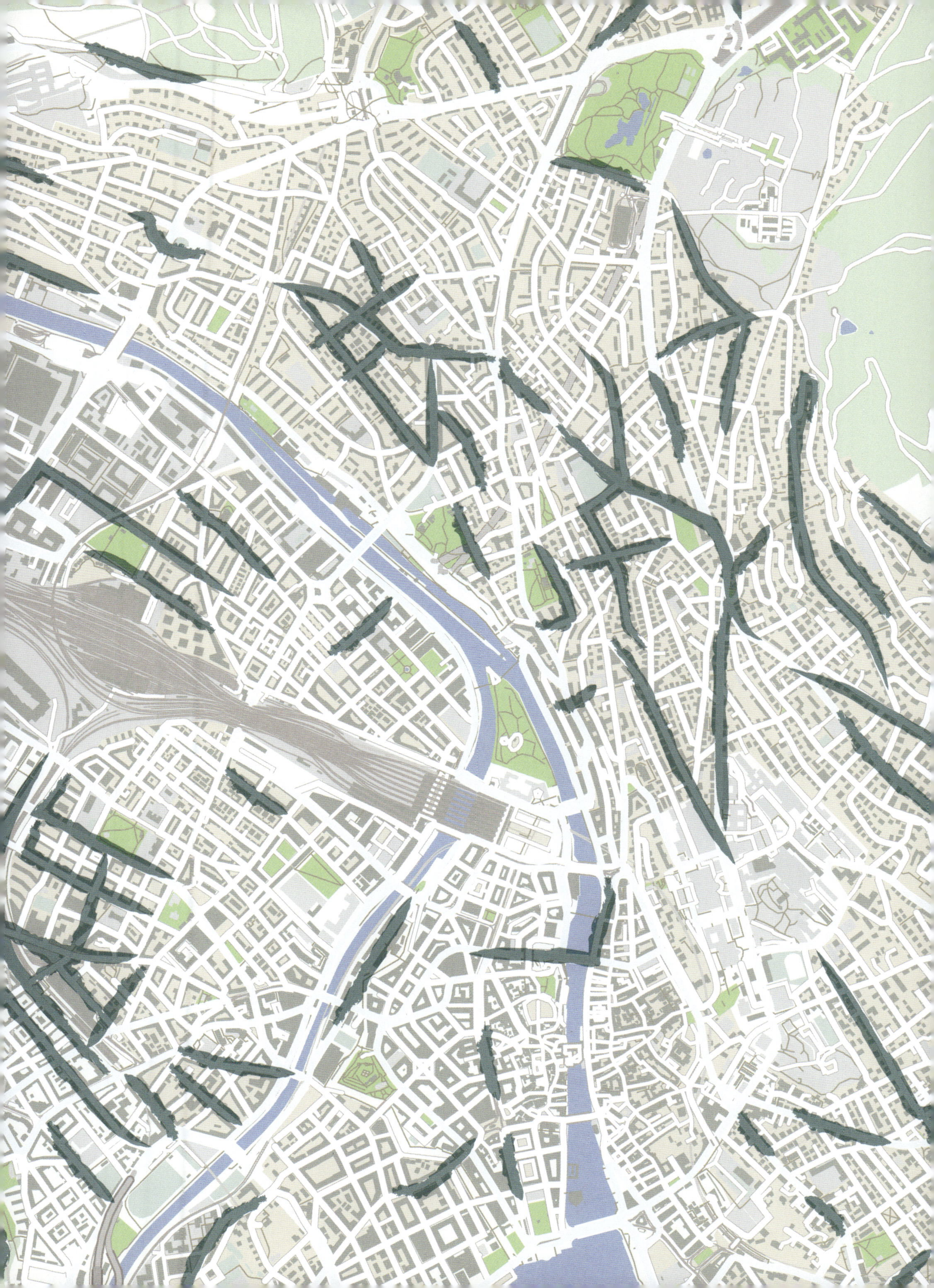

AUSKLANG

GLOSSAR

Heute haben wir – zumindest in größeren Städten – oft ein großes Angebot an internationalen Spezialitäten zur Verfügung. Viele ethnische Gemeinschaften sorgen dafür, dass sie ihre heimischen Produkte auch in der neuen Heimat bekommen. So gibt es mittlerweile in vielen Groß-, aber auch in mittelgroßen und sogar in Kleinstädten Asiashops, türkische, russische und griechische Lebensmittelgeschäfte. Lassen Sie sich in diesen Läden von der fremden Exotik verführen und probieren Sie unvoreingenommen Neues aus – es lohnt sich.

Dasselbe gilt auch für unsere Gemüsemärkte: Heute werden viele fast vergessene und seltene Arten wiederentdeckt und wieder angeboten. Diese Nischenprodukte bieten den Markthändlern die Chance, sich gegen die Supermärkte zu behaupten – unterstützen Sie dies und entdecken Sie Neues! Viele dieser Produkte werden nicht nur Ihren eigenen Gaumen, sondern auch den Ihrer Gäste erfreuen und bei ihnen länger in Erinnerung bleiben. In einer Zeit, in der sich viele Menschen fast alles leisten können, haben solche Neuentdeckungen eine besondere Faszination. Ein weiterer positiver Aspekt ist, dass so die Diversität der Lebensmittel auch für spätere Generationen gesichert wird und unser Essen nicht, im wahrsten Sinne des Wortes, zu einem Einheitsbrei verkommt.

Fragen Sie daher bei Ihren täglichen Einkäufen nach speziellen selteneren Produkten, denn die Nachfrage bestimmt den Markt.

Hier einige der spezielleren Zutaten, die in meinen Rezepten Verwendung finden:

ACKERBOHNE, FAVABOHNE
Seit Urzeiten auch in Europa heimisch und bis ins 17. Jahrhundert ein wichtiger Eiweißlieferant, wurde sie dann durch die amerikanische Gartenbohne verdrängt und fast ausschließlich nur noch für Tierfutter verwendet. Daher auch der Name Saubohne. Die Erntezeit ist von August bis Oktober.

AGAR-AGAR
Bindemittel aus Rotalgen. Für die vegetarische Küche unerlässlich, da Gelatine aus tierischem Knochenleim, heute hauptsächlich vom Schwein, besteht. ½ Teelöffel Agar-Agar ersetzt 6 Blatt Gelatine und geliert bereits bei 45 Grad. In der EU als Lebensmittelzusatzstoff E 406 verwendet.

AMARETTO
Italienischer Likör aus Mandeln oder Aprikosenkernen. Süßlich nach Marzipan schmeckend. Gut für Backwaren und Desserts.

ARAME-ALGE
Eine Braunalge aus Asien. Getrocknet im Handel erhältlich. Sehr vitamin- und mineralstoffreich und sehr sättigend. Sollte wegen des hohen Jodgehalts nicht in großen Mengen konsumiert werden.

BERGAMOTTE
Wird fast ausschließlich im süditalienischen Kalabrien angebaut. Saison von Dezember bis Februar.
Die Schale der Bergamotte ist ein aromatisches Gewürz für süße und salzige Speisen. Für Marmelade und als Zugabe für Limonaden geeignet. Wird aber vor allem als Gewürz für den Earl-Grey-Tee und in der Parfümindustrie verwendet.

BIANCOPERLA-MAIS
Eine alte weißlich-glasige Maissorte aus Venezien, Italien. Durch den hohen Wassergehalt sehr mild im Geschmack. Als Slow-Food-Produkt im spezialisierten Handel erhältlich.

BITTERORANGE

Früher auch Pomeranze genannt. Ursprünglich aus China stammend, heute in Südeuropa verbreitet. Saison November bis März. Wird für Marmelade und für Orangeat verwendet. Sehr beliebt auch für Limonaden und Liköre. Als Gewürz in all jenen Speisen zu verwenden, zu denen auch Orangen passen, etwa für Saucen, Desserts, Kuchen. Tipp: Den Abrieb der Schale in 200 ml Olivenöl geben und drei Wochen ziehen lassen; ergibt ein herrlich aromatisches Öl für Gemüse, Fleisch und Käse.

CATALOGNA

Ursprünglich aus Italien, heute in ganz Europa verbreitet und in gemäßigten Zonen fast ganzjährig wachsend. Gemüse mit löwenzahnähnlichen, leicht bitteren Blättern. Gekocht, gedämpft oder roh genießbar. Die hellgrünen Knospen sind roh oder kurz gebraten eine milde Delikatesse.

CEDRO (PLURAL: CEDRI)

Rund ums Mittelmeer gedeihende Zitronatzitrone. Saison von Dezember bis März. Kann roh oder gebraten gegessen werden. Ist mild-säuerlich bis süß. Wird vorwiegend für Limonaden, Schnäpse und Parfüms verwendet.

CIDRE

Vergorener Apfelwein von leicht süßlichem bis sehr herbem Geschmack. Kann beim Kochen als Ersatz für Weißwein verwendet werden und gibt durch seinen Eigengeschmack vor allem vegetarischen Gerichten eine schöne Geschmackstiefe.

CIMA DI RAPA

Auch Stängelkohl oder Wilder Brokkoli genannt. Aus Apulien, Italien, stammend, heute in der ganzen Mittelmeerküche sehr verbreitet. Schnell wachsend und ganzjährig anbaubar. Schmeckt mild kohlartig und leicht bitter, nach dem Aufblühen intensiver und etwas scharf. Im Winter wegen des satten frischen Grüns sehr beliebt als Abwechslung zu den Lagergemüsen.

FARINA BONA

Aus dem Onsernonetal im Tessin stammendes Mehl aus geröstetem Mais. Im Geschmack sehr aromatisch-nussig. Ein glutenfreier Weizenersatz für Mehlspeisen und zum Backen. Im spezialisierten Handel und in Bioläden erhältlich.

GALGANT

Auch Thai-Ingwer genannt. Aus Asien stammend, war in Europa aber schon um 1800 ein beliebtes Heilmittel. Weiß, oft rosa überhaucht. Milder und aromatischer als Ingwer.

GARAM MASALA

Indische Gewürzmischung. Heißt wörtlich übersetzt «heißes Gewürz» und soll laut der ayurvedischen Küche den Körper erhitzen. Es gibt viele verschiedene Mischungen, die Hauptbestandteile sind aber immer Zimt, Nelken, Kümmel, Kardamom und schwarzer Pfeffer. Wird gemahlen als braunes Pulver verkauft. In vielen Läden und in Asiashops erhältlich.

GRAND MARNIER

Aus Frankreich stammender Likör aus Cognac und karibischer Bitterorange. Zum Mixen von Cocktails oder zum Kochen verwendet. Passt überall dort, wo es etwas Orangenaroma verträgt: in Saucen, Desserts oder Kuchen.

HARTWEIZENDUNST

Auch griffiges Mehl genannt. Ist der feinste Grieß oder das gröbste Mehl. Wichtig für hausgemachte Pasta und Pizzateig. Gibt den Speisen einen schönen Biss. Im spezialisierten Handel und in Bioläden erhältlich.

HARISSA

Aus Nordafrika und dem Orient stammende scharfwürzige Gewürzpaste aus Chili, Kreuzkümmel, Koriandersamen, Knoblauch, Salz und Olivenöl. Gibt Speisen eine orientalische Note. Ist bei allen Großverteilern (im Supermarkt) erhältlich.

KARDAMOM

Aus Indien stammend. Erhältlich als grüner, seltener als schwarzer Kardamom. Ist süßlich, würzig und etwas scharf. Unverzichtbar in Currys, Chai-Tee, Glühwein und Weihnachtsgebäck. Sehr zurückhaltend verwenden, da der Geschmack sehr intensiv ist.

KERBELWURZEL

Aus Nord- und Osteuropa stammendes einst beliebtes Wildgemüse, heute eine sehr seltene Delikatesse. Schmeckt süßlich nach Haselnüssen. Wächst in unseren Breiten selten verwildert an feuchten Flussufern.

MASCARPONE

Italienischer Doppelrahmfrischkäse, sehr mild und cremig. Für Desserts und Torten geeignet (Tiramisù). Nimmt schnell Fremdgerüche an und sollte daher immer gut verschlossen und schnell aufgebraucht werden. Für Risotto anstelle von Rahm, Butter oder Käse hervorragend geeignet.

MARRONIMEHL

Aus der Südschweiz und dem Mittelmeerraum stammendes Mehl aus getrockneten Marroni (Maronen). Von gelb-brauner Farbe und intensivem, süßlichem Geschmack. Kann rein oder mit anderen Mehlsorten gemischt verwendet werden. Im spezialisierten Handel und in Bioläden erhältlich.

MISOPASTE

Ein guter Gemüsebouillonersatz, enthält keine Hefe. Wird aus Sojabohnen, Reis und/oder Gerste hergestellt und ist in verschiedenen Fermentierungsstufen von blond bis dunkelbraun erhältlich. Ist sehr reich an Eiweiß und Vitaminen und kann wie Bouillon verwendet werden.

MUSKATBLÜTE, MACIS

Ursprünglich von den indonesischen Banda-Inseln stammend, heute aber auch in Afrika, Asien und Südamerika kultiviert. Samenmantel des Muskatnussbaums. Schmeckt warm-würzig und aromatisch, aber nicht so aggressiv wie Muskatnuss. Geeignet für Kartoffel- und Gemüsegerichte, Currys, Weihnachtsgebäck, Glühwein und zum Würzen von Würsten.

NOILLY PRAT

Aus Südfrankreich stammender sehr aromatischer Wermut aus zwei Weißweinen (Clairette und Picpoul de Pinet), wird in Eichenfässern ein Jahr an der Sonne gereift. Ist würzig-süß und ideal, um Saucen zu verfeinern und ihnen eine schöne Tiefe zu geben. (Bei der Verwendung von Weißwein braucht es im Vergleich dazu Stunden, um dessen Säure zu eliminieren.) Ein Küchen-Sprichwort sagt: Durch den Gebrauch von Schalotten und Noilly Prat unterscheiden sich Profis von Hobbyköchen.

OKRA

Ursprünglich aus Ostafrika, aber heute in ganz Asien und Südamerika kultiviert. Ist wohl das älteste angebaute Gemüse überhaupt. Die bohnenartigen Schoten schmecken leicht bitter. Sie sollten nur gekocht gegessen werden; sie sondern dabei Schleimstoffe ab und ergeben eine schöne Bindung. Bei uns teilweise bei Großverteilern, in Supermärkten und in Asiashops erhältlich.

ÖLE, RARE SORTEN

Kürbis-, Mohn-, Baumnuss-, Distel-, Nachtkerzen-, Leinsamen- und Traubenkernöl bringen Abwechslung und neue Geschmacksnoten in Salate, Gemüse und Speisen. Die meisten dieser Öle sollten nicht erhitzt und nur zum Abschmecken unter warme Gerichte gerührt oder für die kalte Küche verwendet werden. Sie sind alle nur kurz lagerfähig und oft teuer. Daher nur kleine Mengen davon kaufen und innerhalb von sechs Monaten aufbrauchen. Vor allem Mohn- und Nussöl werden schnell ranzig.

PASTINAKE

In Europa und Asien wild und kultiviert wachsend, seit einigen Jahren wieder vermehrt angebaut und im Handel erhältlich. Saison fast ganzjährig, aber eher zu den Lagergemüsen des Winters zählend. Schmeckt würzig-intensiv und süßlich, erinnert an Sellerie oder Karotten. Enthält viele Proteine, Kalium und Vitamin C.

PETERSILIENWURZEL

Aus Mittel- und Nordeuropa stammend. Mild-süßlich nach Petersilie schmeckend. Ideal als Suppeneinlage, Gemüsebeilage oder roh in Salaten. Sehr vielseitig verwendbar, passt gut zu allen Gerichten.

PIMENT

Aus Jamaika stammender milder, würziger Pfeffer mit Aromen von Nelke, Zimt und Muskat. Bekannt in Gewürzmischungen oder für Backwaren zu Weihnachten. In der Parfümherstellung als männliche Note gern verwendet.

REISMEHL

Aus Asien, vor allem Japan stammend. Wird aus Kleb- oder Rundkornreis hergestellt. Ein gutes Bindemittel für die glutenfreie Küche. Ist geschmacksneutral und hat weniger Kleberanteil als andere Bindemittel. Zum Backen weniger geeignet. Durch seine sehr feine Struktur und den geringen Kleberanteil sehr gut geeignet für knusprige Ausbackteige wie für Tempura oder zum Bestäuben von Fisch (macht die Haut schön knusprig und verleiht die gewünschte goldbraune Farbe).

RONDINI

Ursprünglich aus Asien und Afrika stammende tennisballgroße, runde Kürbisfrucht mit oft harter Schale. Sehr vitamin- und mineralstoffreich und im Geschmack ähnlich der Zucchini. Kann nicht roh verzehrt werden. Wegen ihrer idealen Portionsgröße in der Gastronomie für vegetarische Gericht sehr beliebt.

ROSENWASSER

Nebenprodukt der Parfümindustrie, wird aus Rosenöl gewonnen. Im Orient, in Nordafrika und Indien in Süßspeisen viel verwendet, beispielsweise in Lassi, bei uns vor allem in Marzipanmischungen. Gibt Cremes, Desserts und Kuchen eine schöne blumige Note. Mit Vorsicht zu dosieren, da sehr geschmacksintensiv.

SALSA DI PERE

Aus Italien stammende süß-scharfe Marmelade aus Birnen und Senf. Delikat zu Käse, auch geeignet zum Verfeinern von Saucen. Sollte in keinem Kühlschrank fehlen. In italienischen Fachgeschäften erhältlich oder von der nächsten Italienreise mitbringen.

SCHABZIGERKLEE

Blau blühende, stark duftende Kleeart. Frisch selten verwendet, aber getrocknet als Pulver häufig in der vegetarischen Küche. Der intensive Geschmack passt zu Käse, zu Eier-, Fleisch- oder Gemüsegerichten. Nur sehr vorsichtig dosiert einzusetzen, da viele (wie beim Schabzigerkäse) den Geschmack verabscheuen, wenn er zu dominant ist.

SCHWARZKÜMMEL

Aus Südeuropa und der Türkei stammendes Hahnenfußgewächs, keine Kümmelart. Auch als schwarze Zwiebelsamen im Handel. Schmeckt leicht nach Kümmel, ist etwas scharf und erinnert etwas an Bleistiftminen. Gilt heute als Allheilmittel zur Stärkung des Immunsystems.

SCHWARZER SENF

Wird häufig in der asiatischen Küche verwendet, gehört in Currys und Chutney. Ist etwas milder als der gelbe Senf, dafür dekorativer. In Mitteleuropa kultiviert und auch verwildert anzutreffen.

SHISO

Ein invasiv wachsender Lippenblütler, der in jeden Kräutergarten gehört und sich bestens vermehrt. Hat sehr schöne rote Blätter. Vielseitig zum Garnieren und als Gewürzkraut verwendbar. Hat eine zitronige und minzige Note.

STACHYS

Ursprünglich aus China, in Europa seit Anfang des 19. Jahrhunderts bekannt. Ein sehr delikates, anspruchsloses Wurzelgemüse. Liegt geschmacklich zwischen Schwarzwurzel und Artischocke. Kann ungeschält roh, gebraten oder gekocht genossen werden. Ernte ab November bis März, wenn der Boden nicht gefroren ist; am besten im Boden belassen und nach Bedarf ernten. Öfter als bodendeckende Zierpflanze in Gärten vorkommend.

TREVISANO

Aus Italien stammende Blattzichorie. Saison von Herbst bis Frühling. Ähnlich dem roten Chicorée, nur in losen, lockeren Büscheln von länglichen Blättern wachsend. Ist würzig-bitter im Geschmack und sowohl roh als auch gekocht und gebraten eine gesunde Delikatesse.

WASABI

Japanischer Meerrettich. Ist um einiges schärfer als der europäische. Im Handel als Paste oder Pulver erhältlich. Ich bevorzuge das länger haltbare Pulver, das durch Anrühren mit Wasser in der Schärfe besser dosiert werden kann. Auch als Pflanze erhältlich, von der die jungen Blätter verwendet werden können.

WILDER FENCHELSAMEN

Aus Südeuropa und Asien stammendes süßlich-würziges Gewürz, sehr bekannt in der mediterranen und asiatischen Küche. Bei uns auch als Tee und Heilmittel verwendet. Es gibt ihn in vielen Sorten; ich bevorzuge den sizilianischen, dessen Geschmack an Dill und Lakritze erinnert. Es lohnt sich, Samen auszuwildern. Für Töpfe ungeeignet, weil es ein Tiefwurzler ist.

ZITRONENGRAS

Aus Südamerika und Asien stammendes Süßgras, typisch in der vietnamesischen und indonesischen Küche. Wird als Gewürz nur zur Geschmacksgebung verwendet und nicht mitgegessen. Hat einen leicht zitronen- und rosenartigen Geschmack. Auch als Mittel gegen Mücken verwendet.

MAURICE MAGGI

Autor und Rezeptkomponist

STECKBRIEF

Geboren im Sommer 1955 in Zürich. Lebte in Rom, Kloten, Lugano, New York und seit 2002 in Zürich. Bewegt sich ausschließlich im urbanen Raum, gerne da, wo noch etwas grünt. Allesesser, vor allem isst er gerne das, was wild wächst, ökologisch oder naturgerecht produziert wurde. Linkshänder und Fussgänger.

TÄTIGKEIT

Gelernter Landschaftsgärtner, seit über zwanzig Jahren als Koch tätig. Kocht mit Vorliebe saisonale, regionale und vegetarische Gerichte. Seit 2006 als Koch für «Karls Kühne Gassenschau» tätig.

WISSENSWERTES

Gestaltet seit 1984 mit wilden Saaten das Stadtbild von Zürich mit. Seit vierzig Jahren selbst Diabetiker, daher besonders fundierte Kenntnisse über Ernährung. Mag gerne gute Materialien, raffinierte Schnitte, Farben und Formen. Ist mit Kunst und Kultur eng verbunden.

JULIETTE CHRÉTIEN

Fotografin

STECKBRIEF

Fotografin und Tagträumerin. Geboren im verschneiten Winter 1986. Lebt in Zürich und Paris. Mag unbekanntes Terrain, obwohl sie erst nach längerem Verweilen oder in der Natur richtig aufblüht. Ist sensibel, passioniert und hat eine offene bewusste Lebenshaltung.

TÄTIGKEIT

Gelernte Fotografin. Seit 2008 selbstständig mit Sitz in Zürich und Paris. Als Fotografin und Art Direktorin tätig. Liebt leckere Gerüche aus der Küche.

WISSENSWERTES

Ihr erstes Kochbuch «Ticino ti cucino» ist ebenfalls im AT Verlag erschienen. Mag frische Blumen, Beerensammeln, Marmelademachen und alles, was das Alltagsleben verschönert.

MIRA GISLER

Illustratorin und Stylistin

STECKBRIEF

Stylistin und Illustratorin. Ungezüchtete Wanderblüte, aus der freien Wildbahn der 1980er stammend, zwischen Mitteleuropa und Südostasien. Blüht auf im Hochgebirge und am Wasser. Lockerer, aber tiefgründiger, humorvoller Boden, vollsonnig, empfindlich gegen manche Winter.

TÄTIGKEIT

Genießt und lässt sich jeden Tag neu inspirieren, vielfältig im Austrieb, unbeschreiblich reichhaltige Ernte möglich.

WISSENSWERTES

Kreative Denkerin mit geschicktem Handwerk. Lebt mit allen Sinnen, verspielt, achtsam und voller Entdeckungslust. Einmal ausgepflanzt, sät sie sich immer wieder selbst aus und verzaubert durch frühe goldgelbe Blütenpracht.

BORIS PÉRISSET

Grafiker

STECKBRIEF

Im Hochsommer 1982 geboren, aufgewachsen in Zürich, zieht es ihn immer wieder in die große weite Welt. Zivildienst in Indien, mit dem Fahrrad durch China und dazwischen Gründung der Internet-Politkampagnen-Agentur Feinheit. Bemalt oder besteigt Wände – in der Stadt oder in den Bergen.

TÄTIGKEIT

Grafische Grundausbildung und Weiterbildung, was das Netz und dessen neue mediale Nutzung angeht. Kocht nur im Privaten oder für die Belegschaft.

WISSENSWERTES

Braucht zum Auskundschaften stets ein Velo. Mag es bunt und gesellig.

DANKE

Dem Traumteam Juliette, Mira und Boris. Mit diesen Menschen durfte ich ein Jahr intensiv zusammenarbeiten. Ihr Können, ihr Wissen und ihr unglaubliches Engagement ließen dieses schöne Buch entstehen. Danke euch tausendmal!

Dem AT Verlag für den Auftrag, die große Freiheit und das Vertrauen in dieses Projekt. Danke vielmals!

GMT Party Team Wädenswil, Christina Muser und Andi Koller, die mir als angestelltem Koch in dem Jahr der Entstehung des Buches viel Freiraum und Unterstützung gegeben haben und mir mit Utensilien für die «Tavolatas» ausgeholfen haben, danke.

Dem Theater Ticino in Wädenswil mit Ueli Burkhardt für die Bühne, die er mit geboten hat, um meine Küche und einen Teil der Rezepte den Gästen zu servieren. Danke, Ueli.

Simona Kosec für den polygrafischen Schlussspurt.

Annina Burkhard für die Illustrationen der Vorsatz-Seiten des Buches, die Skizzen meiner Hände entstanden an einem Kochkurs an der Hochschule Luzern, danke!

DANKE DEN GASTGEBERN DER «TAVOLATAS»:
Frühling: Simone Steinemann und Aad Hollander
Sommer: Astra Winterthur
Herbst: Baugenossenschaft Dreieck, Iris von Frisching
Winter: Rolf Aschwanden
Sowie allen Statisten.

Außerdem Dank an Esther Eppstein, Melody Gygax, Susanna Schwager, Nils Anderson, Pierre Thomé und Roman Pulvermüller.

Und nicht zuletzt: Grün Stadt Zürich für die tolerante Haltung zum wilden Grün meiner langjährigen Saaten auf öffentlichem Grund, danke!

PYREX
CALLEJO
CRIANZA

REZEPTVERZEICHNIS

PFLANZENVERZEICHNIS

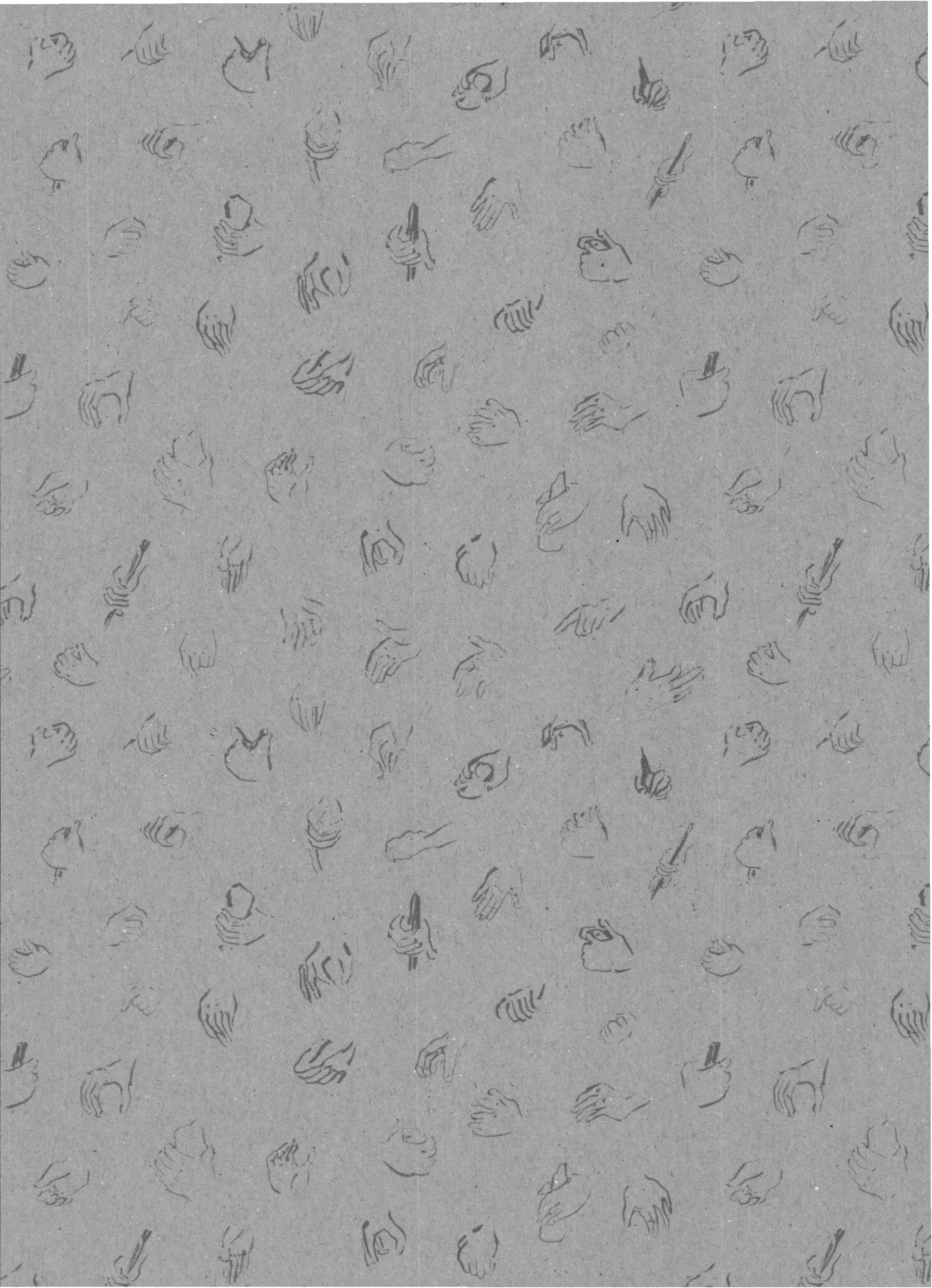